中国政法大学70周年校庆

文化系列丛书

中国政法大学70周年校庆文化系列丛书

总主编：李秀云

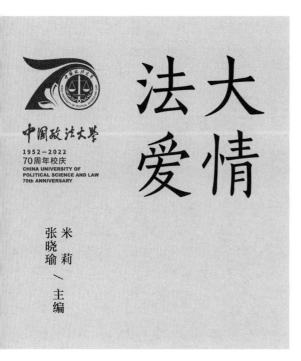

张晓瑜 \ 主编
米莉

中国政法大学出版社

2022·北京

图书在版编目（ＣＩＰ）数据

法大爱情/米莉，张晓瑜主编. —北京：中国政法大学出版社，2022.5
ISBN 978-7-5764-0301-5

Ⅰ.①法… Ⅱ.①米… ②张… Ⅲ.①中国政法大学—文集
Ⅳ.①G649.281-53

中国版本图书馆CIP数据核字(2022)第012368号

书　名	法大爱情
	FADAAIQING
出版者	中国政法大学出版社
地　址	北京市海淀区西土城路 25 号
邮　箱	fadapress@163.com
网　址	http://www.cuplpress.com (网络实名：中国政法大学出版社)
电　话	010-58908466(第七编辑部) 010-58908334(邮购部)
承　印	北京中科印刷有限公司
开　本	650mm×960mm　1/16
印　张	10.5
字　数	156 千字
版　次	2022 年 5 月第 1 版
印　次	2022 年 5 月第 1 次印刷
定　价	48.00 元

序　言

　　有人说校园爱情是最美好的，单纯的彼此只有满眼的欢喜；也有人说青春时代的爱是懵懂的，校园爱情走不长远。幸运的人能够在最好的年华相遇，相互激励，彼此成就，用勇敢打败顾虑，靠努力收获幸福；而对更多的人来说，爱情是人生中的重要一课，在跌跌撞撞中学会爱与被爱、收获自身成长。毫无疑问，爱情是大学生活中浓墨重彩的一笔，爱情的点滴细节串联在一起，绘制出大学时光最亮丽的青春底色。时光会走，而那场永不褪色的校园爱情却惊艳了年华，成为永生难忘的回忆。

　　在迎接中国政法大学建校 70 周年之际，为了探寻在七十年的荏苒时光中，法大学子曾留在军都山下、小月河畔，珍藏在年少绮梦与青春韶华里的美好爱情记忆，深刻感受法大七十年的浪漫与温情，党委宣传部（教师工作部）开展了以"法大爱情"为主题的征文活动，期间收到广大师生校友从全国各地发来的文章，记录了一个个感人至深的爱情故事。这些故事并没有惊心动魄的跌宕情节和轰轰烈烈的海誓山盟，但正是对生活最简单的描绘、对人生最直白的感知，便在不经意间流露出最真挚的情感。虽不直言，但一字一句皆是爱意。

　　在这个法大学子梦想启航的地方，不仅有"德法兼修，明法笃行"的意气风发，也有"今夜我不关心人类，我只想你"的细腻深情。有李宝岳与郑玉兰相识相许、生死相依的共赴白首，有焦洪昌和刘惠敏患难与共、不离不弃的相守相携，有纵华与余安琦跨越上万公里共追理想的相伴前行、相知相随，也有李秀梅寄情《寻梦》的一曲韶华、往事如烟……一个人、一件事、一幕情节、一段回忆，法大人在流淌的岁月中，为了共同的理想，扎根在一起，奋斗在一起，用青春与时光，谱下了"法大爱情"最美的篇章。而"法大爱情"更美的地方在于法大人以不变的初心与信仰，秉承着"厚德、明法、格物、致公"的校训精神，在追寻小家小爱的同时，始终坚定地彰显着立学为民、治学报国的家国情怀，予家国人民以大爱，用风华正茂的青春岁月书写着无愧于祖国和时代的大爱诗篇。

七十年的时光，法大校园见证了无数学子相遇、相知、相爱、相守的往事，而始终矗立的军都山、流淌的小月河、肖然不动的拓荒牛和"法治天下"石碑，校园里的一草一木、一砖一瓦，都仍然在记录着法大爱情每一种不同的模样，见证着爱在岁月的长河中缓缓流淌。而薪火相传的法大人，在爱与被爱中汲取温暖人心的力量，努力成为爱家、爱国、爱民族的践行者和示范者，在这个继往开来的节点上，以奋进之笔书写法大新篇章。

法大爱情千姿百态，爱情的种子在法大播撒，盛开在祖国的锦绣各地，还有很多我们无从知晓、动人心弦的爱情故事，想通过一本书的缩影诠释法大爱情全部的浪漫并不容易，通过广泛征稿、针对性约稿、精心筛选、多方沟通、文稿修改和精心编排后，花费了一年多的时间最终实现了原定的编纂计划。因为时间和篇幅有限，这本《法大爱情》仅收录了29篇爱情故事，分为四个章节，一段故事的落幕或许是同甘共苦的相濡以沫，或许是人间烟火的细水长流，或许是两情相悦的风情月意，又或许是遗憾错过的情深缘浅，那些散落在匆匆时光中的美好回忆跃然纸上，字里行间尽是温柔。在此要感谢所有愿意分享自己爱情故事的师生校友们，感谢党委宣传部（教师工作部）和中国政法大学出版社老师们的用心与投入，让本书最终能够顺利呈现。

　　翻开书，探寻曾经的故事，关于爱情的时光碎片似乎总在落满灰尘的记忆中格外与众不同。合书凝思，愿所有法大人都能在最好的时光，不留遗憾地勇敢追寻所爱，祝愿每一段法大爱情都得到最好的安排，也让我们共同祝愿法大和祖国的明天充满爱意、更加美好。

张晓瑜

2021 年 10 月 20 日

于中国政法大学昌平校区

目　录

序　言 ｜ 张晓瑜　　　　　　　　　　　　　　　　　　　001

相濡以沫

我们的故事 ｜ 薛梅卿口述（黄都培整理）　　　　　　　003

爱情是个永恒的话题

　　——我的婚恋故事 ｜ 李宝岳　　　　　　　　　　010

遇见你，是我最美丽的意外 ｜ 焦洪昌　　　　　　　　020

事业相伴的爱情 ｜ 冯晓青　　　　　　　　　　　　　026

他来之前，我是荒岛；他来之后，满是花香 ｜ 王　蕊　　031

给你的一封信 ｜ 张力玮　　　　　　　　　　　　　　036

在法大遇见，愿携手一生 ｜ 纵　华　　　　　　　　　041

小月河边唱起我们的未央歌 ｜ 童海浩　　　　　　　　045

细水长流

嘿，二食堂见！Ι 罗惠元　051

法大四季皆有爱意 Ι 高　芸　055

没有山盟海誓　只有地久天长 Ι 郭　璇　060

十二年
　　——军都山到小月河 Ι 孙天瞳　065

夏天的每一个梦 Ι 张建银　071

曲佳乐的法大爱情 Ι 曲宏剑　075

爱，从军都山下到西子湖畔 Ι 崔　玥　081

风情月意

那年遇见她 Ι 张海军　089

我们回去吧 Ι 董泽平　101

象牙塔里，有你足矣 Ι 安慧中　104

一心·伊意 Ι 徐伊洁　109

跨越六年拥抱你 Ι 王一诺　115

琴瑟在御，莫不静好 Ι 尘　临　119

荏苒岁月里最好的时光 Ι 咕噜酱　122

爱情札记 Ι 胡梓聿　125

情深缘浅

赏姚传艺《寻梦》　忆学院路情踪 | 李秀梅　　　　131

致敬，爱情！| 陆　静　　　　136

不负相思 | 刘　铁　　　　139

暗恋：羞于表达的爱恋 | 星　云　　　　145

最重要的事 | 王小思　　　　147

词不达意 | 方小猍　　　　151

相濡以沫

当我俩同在草原晒黑

是否饮下这最初的幸福最初的吻

——摘自海子《幸福》

我们的故事

薛梅卿口述（黄都培整理）

作者：薛梅卿，女，汉族，1930.4.26—2021.1.23，福建邵武人。中国政法大学教授、国务院政府特殊津贴获得者。长期致力于中国法制史教学和科研工作，并在中国法律史、中国监狱史学领域做出突出贡献。

丈夫：黄卓著，男，汉族，1928.3.28—2010.6.11，福建邵武人。中国政法大学教授。原第一机械工业部监察委、北京机械学院党委宣传部干部，后调入中国政法大学经济法系从事教学科研工作。

人生一世，悠悠岁月似短亦长。

人云：雁过留声，岁月留痕，自然与人类同律同归。

卓著和我相依相伴已达耄耋之年，平凡走过，经历不少。尽管不是名人大师、天之骄子，也没有什么鸿篇巨著传世颂扬，但我们这些小人物的一生也钩织了一段段不寻常的经历，所做的小事情在人生长河中或许也闪烁出点点璀璨之光。我们真心希望这一辈子的为人、品格、自尊和追求能为子孙后代留下点滴的正能量，我们的尊严、品质和真情，值得被欣赏、品鉴、尊重和怀念。

一、八年追求的爱构筑了家庭

1945 年，卓著从明溪初中考入省立名校邵武一中高中部就读，成为我的同班同学。他虽然出身农村，但综合能力很强，学习成绩很好，尤其是语文和文字功底更是胜人一筹，老师和同学们都喜欢纯朴、憨厚的他，先后将他推选为班长、学生会主席。后来，同学们夸他是"全班最有成就和最值得骄傲的一位"，当时我则是班里一个很普通的瘦弱女生，只是英语比较好，而每到语文和外语考试时，同学们就会围在他和我身边复习，我们俩也慢慢地彼此产生了好感。

▲1948 年福建邵武一中合影

1948 年夏即临高中毕业，是参加工作还是继续读书，是我们面临的主要难题，每个人都心神不定，可没想到卓著竟然在这种前途未卜的当口鼓起勇气，借还书之机，在书中夹着情书向我表白，但我因害羞和不知前景的迷茫而回绝了他。尽管如此，他仍然持之以恒、不离不弃地追求我。

随后我们不约而同地选择了考大学，但彼此却殊途南北，他考上了原国立中正大学（现南昌大学）文法学院政经系，我考取了福州协和大学（现福建师范大学）历史系。至此，历经住校读书、休学、复学的数年变化，通过各种信息渠道，我们中断许久的联系居然又接上了，他经常写来书信，令我不得不回复，在鸿雁传书中，他以"望遂"（遂愿之意）、我以"席蔼"（母姓席，和蔼）互表情意，促进并发展了我们的爱情。

1953年，我们俩各自从院系调整后的南昌大学、福建师范大学毕业，根据组织分配，卓著到一机部沈阳水泵厂监察室工作，我被保送到中国人民大学法律系研究生班学习三年。直至1956年寒假，我穿着一身蓝色的棉衣棉裤北上到沈阳去看他，1月30日，我们无彩礼和嫁妆、无仪式和布置，在连饭都没人做的简陋厂房举行了婚礼。至此我们成了家，八年的恋爱终于修成了正果，之后几十年的时间里我们相濡以沫，互相扶持，直至度过了金婚。

▲1956年摄于沈阳

▲2008年摄于北京

二、动荡时代的"南征北战"

有了家庭就意味着负担加重，尤其是我们这个漂泊异乡的小家庭。1956 年 4 月，卓著经沈阳水泵厂推荐，到北京第一机械工业部国家监察局工作；同年夏，我以优等生的成绩从中国人民大学毕业分配到北京政法学院法史教研室任教。1958 年卓著又被调到北京机械学院党委宣传部，并加入了中国共产党，兼任机关团委副书记。当时，我们两人的收入只有 140 元，生活比较清苦，好在领导、同事与朋友给予帮助和照顾，使我们在北沙滩六道口的一间平房安了家，我们在北京总算有了立足之地。

"文化大革命"期间，因我的家庭成分问题，我们多次受到组织的考验和各种运动的整压。就在这样的动荡年月里，三个孩子先后出生。1957 年 5 月，大女儿都培早产近两个月，因白天忙于工作和"运动"，下班后还得做各种家务，她差点生在路上。女儿出生时只有 3.5 斤重，养护十分辛苦和费力，但我却因在休产假而幸免被打成右派，也因此我常同她开玩笑说，我送给了她肉体生命，她挽救了我的政治生命。1959 年 10 月，二女儿都育出生，正赶上国家自然灾害时期，物质极度缺乏，生活极其艰难，凭票买到的一点儿臭鱼是我坐月子时的全部营养，几乎见不到大米、白面和肉、蛋、菜等，家中仅靠一点棒子面、蚕豆并采些树花和野菜为生，我们只能省吃俭用攒下半磅牛奶给孩子喝。最小的女儿丛笑（现名黄旭）是 1967 年的"意外收获"，当时正处于"文化大革命"时期，我和卓著几乎失去自由，长期无暇顾家，无奈之下，只好于 1967 年底把奶奶接到北京照顾三个孩子。1969 年，在京所属重点企、事业单位及高校撤离京城到边远"三线"山区，卓著所在的原北京机械学院也在其中，全院被要求一周内搬到陕西汉中，在毫无准备的情况下，我们一家五口被迫各走他乡：卓著带着二女儿都育迁到汉中，我随同北京政法学院下放到延庆劳动，大女儿都培暂时被留在北京政法学院的留守处，老三丛笑则由奶奶带回福建老家由卓著的大妹和大弟抚养。当我们一家离别时，大人们撕心裂肺、泪流满面，孩子们则依依不舍、嚎啕大哭。

我在延庆下放劳动半年后学校就被宣布撤销，我无处可去，就带着大女儿都培到陕西汉中投奔卓著。然而，原本穷僻的山沟小县城忽然迁进几十万人口，可想而知人们的生活有多么窘迫：粮食配给几乎没有大米、白面，除了玉米、高粱，剩下的百分之五十是蚕豆；每月一家只有三两肉，没有青菜，鸡蛋也供不应求，我们和当地人一样日子过得十分艰苦。一年多后，得知北京政法学院将要下放到安徽，整个学校的教职工将被分配到安徽省各个地区，我和卓著斟酌再三，决定一起申请跟随北京政法学院到安徽安家落户。1972 年，我被分配到安徽滁县（今滁州市）教育局，卓著被调到滁县机床厂，我们把三个孩子都接到滁县上学，至此，全家终于团聚在一起。尽管我们被作为"黑五类"下放到安徽的生活比较清苦且"不务正业"，但度过了一段安稳和清闲的日子。1976 年 1 月，大女儿高中毕业，孤身一人作为知青到北京昌平流村公社插队；1978 年国家拨乱反正、进行改革，我们两人被恢复原职调到安徽芜湖的安徽师范大学，我担任历史教师，卓著在校政宣委工作。二女儿在芜湖插队，小女儿在安徽师大附小上学。直到 1978 年北京政法学院复办，我和卓著被召回学校工作，此时，大女儿由插队的农村考入北京邮电学院无线电专业，二女儿和三女儿也跟随我们一起正式迁回北京，至此，我们终于开始了真正的幸福生活。

▲1983 年摄于北京家中

成家以后的二十多年中，我们的小家几乎和国家同甘苦、共命运，经历了很多波折，全家聚少离多、颠沛流离，我们两人的收入不仅要养五口之家，还得赡养两家老人，日子过得非常艰苦。即便在这样的环境下，我们从不忘与人为善，关心、帮助身边的人，卓著在安徽时经常会帮助和接济当时的同事和朋友；还在我们生活最困难的时候把他的母亲、小弟、侄子接到安徽，为他的小弟弟安排接受切除脑瘤手术，送饭喂药，并日夜陪护在他身边直到康复。我们用爱和信念支撑着我们的人生和生活，一家人只要能团聚在一起就感觉到幸福。

三、一对"教书匠"

1978 年北京政法学院复办，我被分在法律系担任本职教学工作，学校同意接受并安排卓著在经济法系任教，面对着国家百废待兴的高等教育事业，我们信心十足，投入了极大的热情和干劲。

卓著秉性淳朴、直率、诚挚，对工作一丝不苟、努力敬业，对师生、同事更是热情帮助、关怀备至，刚到新单位就赢得大家的喜爱和尊重。先与刘忠亚、陶和谦等同事筹建了经济法系下属多个专业教研室，开创了工业企业法、公司法、外商投资法、专利法等当时较新兴的学科。由于他的社会实践丰富并积累了大量企业工作经验，知识面较广，教学效果很好，在当时经济法初兴的北京政法学院和相关学界享誉较高，受到学生的爱戴和尊敬，连续多年被学校评为"最受欢迎的教师"。

1956 年我刚到校时，北京政法学院正是初建时期，各专业几乎都处在创业阶段，对于我来说，一切都是陌生的，所有工作都要从零开始。为了尽快适应新的专业，我夜以继日地拼命钻入中国历史故纸堆里研究古代法律制度，终于打下了古汉语、历史、法律三结合的基本功，站住了中法史的讲台。教研室由留美归国的著名教授曾炳钧领导，努力开创法制史的教学研究，我则从助教做起，投入辅导学生的一线，逐渐成长为一名高等政法教育战线的优秀教师。

1978 年复办后的北京政法学院条件艰苦，师资奇缺，我调回到学校后努力发挥自己的专长，先后开设过中国近代史、中国法制史、中国监狱史、比较法制史等课程。另外，我始终坚持为人师表、注重自身的道德修养，将外行与内功汇集一身，给予学生真才实学，不趋附权势、不追名逐利、不玩弄学术、不弄虚作假，赢得了学生们的敬佩、爱戴和赞誉，多次被学生评为优秀教师，并与学校的巫昌祯等三位教师获得"法大四才女"的美誉。

▲ "法大四才女"，从左至右为：孙丙珠、巫昌祯、薛梅卿、严端
1984 年摄于北京

往事回忆何其多。卓著和我是闽江水哺育长大的邵武一中同窗，秉承了淳朴、诚厚、平凡、正直的家族衣钵，又共同经历了国家自然灾害、政治运动的风风雨雨，从而练就了自强不息、刚直不阿，低调做人、精心做事，不仰慕权贵、不趋炎附势的气节傲骨。学习不耍滑、工作不作秀，做人格独立的自己，成为"平凡正直，卓而不著"的普通人。我的三哥曾说，"你们是成功的一对"，其实，我们自认只是对得住这人生的"教书匠"而已。

爱情是个永恒的话题

——我的婚恋故事

李宝岳

作者：李宝岳，中国政法大学刑事司法学院教授，1960 年考入北京政法学院政法系，1964 年留校任教，现已退休。

夫人：郑玉兰，1979 年调入学校，曾任校医院副院长，现已退休。

一、缘起

年幼时，祖母哄我唱的儿歌"小小子坐门墩，哭哭咧咧要媳妇儿。要媳妇儿干吗呀？点灯说话，吹灯打喳喳"；小学时，班集同学朝一女学生唱："小白菜呀叶叶黄，七岁八岁没了娘，想亲娘啊"，唱得我泪流满面，后来看到有人用白色粉笔写下我和这位女学生"×××"的大字标语，羞得我立马将它擦掉；四年级，邻村的一双父女来我家提亲，想让女孩给我做童养媳……回忆孩童时的懵懂趣事，现在还依稀记得，不惧耻笑。

青年后，情窦初开热情似火，我曾写过第一封情书，曾被女孩主动追求过，曾有亲友热心帮助介绍。然而缘分未到，兜兜转转数段恋情都未能修成正果，感慨寻一名红颜知己是多么的不易。

还记那时正因失恋而伤心时，教研室的陶髦老师（他后来成为著名教授，曾任中国政法大学副校长，可惜早逝）介绍他大学同学曹康的妻妹——一位医生与我相识，他亲自带我到天津，在他这位同学家与该女医生会面。经他们两位"月老"的引见，我和这位医生一见钟情！特别令我感动的是她不怕我被调离北京，并表示如能成婚可以随我去海角天涯。她的这些话在当时的那种形势下令我太感动了！就这样，我们相识不到一年就结了婚。她就是我的妻子郑玉兰。

▲夫妻合影

二、携手一生

（一）婚恋少有浪漫

我曾多次到天津与玉兰相见，但更多的是每周必有信来信往。我有时不知写些什么是好，就摘抄中央文件寄给她。1970 年 8 月 15 日上午，她来京看我，我心激荡，当即写下小诗《晨颂》（载《李宝岳文集》第二卷第 111 页）以记之。就是这次来访，我们商定国庆节结婚。

晨 颂[1]

一间洁净的新房，
沐浴着金色的阳光。
"爬山虎"在窗外高攀，
"玉兰花"在屋里怒放！
一声门响，
跳进一位姑娘！
脸红得像彩霞，
两排牙齿，
白玉一样！
两个深深的酒窝呦，
带来了醉人的芳香！

朝阳是这样和暖，
空气是这样芬芳！
多少个同样的早晨啊，
为啥今天这么不一样！

三句话不离本行，
"赤脚丫头向您问好！"[2]
一双巨大的手，
把她紧紧捧在脸上！

······

写于 1970 年 8 月 15 日上午 10 时

---

〔1〕 诗记郑玉兰医生从天津来京与作者相见，后与作者结为伉俪。
〔2〕 作者夫人郑玉兰女士曾培训过三批"赤脚医生"并且以此自称。

（二）十年分居

我们的婚姻是幸福而甜蜜的。不到一年我们有了宝贝女儿，真是心旷神怡，又过三年喜得一子，其乐融融！然而婚后我们就北京、天津两地分居；北京政法学院先是办干校后是被撤销，我被重新分配在合肥市，又天津、安徽两地分居；之后我调入天津市公安局的天津公安学校工作，也仍是天津市与独流镇的两地分居。1978 年北京政法学院复办，我调回北京，1979 年学校经国务院批准允许 80 户家属进京，我的妻子和儿女得以从天津市静海区迁至北京。我们的分居生活从此结束，我们家真正团圆！也因此，我的家庭幸福是与北京政法学院的命运连在一起的。我爱我的妻子、儿女，也爱我的北京政法学院。

（三）共渡疾病难关

1976 年唐山大地震后，天津公安学校分配我到市内几个派出所指导学员的实习工作。在一次与学员的通话中，我竟说不出话来。先后在天津市几大医院治疗后，开始怀疑我的脑袋里长了肿瘤。经多次拍片，留痰查癌细胞均排除癌症，最终确诊为左侧声带麻痹，病因不清。那时爱人到天津市河西医院进修，她按市总医院主任的医嘱每天为我注射维生素 B1、B12，再加上市一中心医院的理疗和服祛风祛湿的中药，足足半年终于发出了"咿"的声音，我的左侧声带再次震动，渐渐地又会说话了。1984 年我患了肝炎，北医三院三位教授分别诊断我患的是甲型肝炎、丙型肝炎、非甲非乙型肝炎；传染病医院教授则说我什么肝炎都不是，而是脂肪肝！打针吃药三年肝病终于好了。由于养肝期间吃得过多又患上了糖尿病。这是一种慢性、前进性疾病。我曾多次住进医院复查各项指标、研究新的治疗方案；2015 年起我的胰脏功能全无，每天靠注射 4 次胰岛素生活。老伴过去是学校教职工、学生的大夫，退休后成了我的私人医生。2018 年我因血糖异常升高并出现高血压而紧急收治住院，从鬼门关被爱妻和医护人员抢救回来。2009 年，我妻的左、右耳分别患鼓膜穿孔、胆脂瘤被北医三院两次收治住院，经耳鼻喉科著名专家马芙蓉教授两次全麻下行鼓膜修补术和鼓膜再造术治疗，恢复了听力，避免了进一步伤及大脑的风险。2014 年 7 月我妻自己摸出右乳上方有一肿块，急忙到医院就医，当时主任医师说摸不到肿块，只是部分增厚，经再三请求终于同意做"B超"检查，结果证明乳癌，当即决定住院做乳腺根治治疗。住院期间需家属陪伴，是我一直陪着她并鼓励她要有信心战胜癌症！这期间曾作《盼妻早归》（载《李宝岳文集》第二卷第121页），至今距妻子乳腺癌手术已经七年，一切尚好！

盼妻早归[1]

常听楼梯响，
不见门儿开。
爱妻遭磨难，
企盼早归来。

（四）共克时艰

二十世纪七八十年代，我和妻子的收入不过百余元，要给双方父母每月10元作为赡养费。四口之家要生活还要添置家具等，手头有点拮据。为此，我的姐夫给我妻找来为工厂缝制手套的活计以增加收入。工厂的手套布料厚而硬，缝制过程费时费力获利甚微，不久就不做了。学校函授部（即后来的成人教育学院）为了照顾我们，专门请我妻与几位老师晚上包书寄给全国各地的函授生，按质按量给付一定的报酬。我妻吃苦耐劳，手巧心细，常能短时间里完成交给的任务，以便回家照顾两个年幼的孩子。这期间，罗典荣、周仁、何秉松等教授发现我妻写字正楷、清晰，她还很细心、耐心，能认真辨识稿件真实字迹，于是分别请她抄写书稿从而给些报酬。而我除了完成教学任务还多方写作，也能获得一定稿酬，如我曾长年做《法治日报》法律顾问栏目的撰稿人，虽每公开发表一篇短作只能得15元左右的稿酬，但在当时也算不低的收入。我们的日子虽然有些紧绷，但也挺幸福美好，如我们家是学校教

---

〔1〕 2014年7月8日下午，妻子住进人民医院，不知其乳瘤是否真是恶性肿瘤，特为诗一首，愿苍天保佑！

职工第一批购置意大利双门电冰箱、台湾地区产黑白电视机的家庭。

（五）共铸辉煌

我妻调来北京政法学院后，先是跟着柴其环老师搞报纸、信件收发。经她努力，多年杂乱的收发室收拾得井井有条，以致柴老师在校内到处夸她。后来她被安排在校医务室，她从普通医生到副科长、正科长、政法大学校医院副院长；从医生到主治医师、副主任医师。至今她也是有几十年党龄的中国共产党党员，她一贯真诚热心接待病患，竭尽所能救治病人，受到全校教职工和学生的尊敬和爱戴。也因此多年被选为后勤总支委员并被评选为优秀共产党员。全国政协原常委、我校著名教授夏家骏先生曾专门送她真迹条幅"落红不是无情物，化作春泥更护花"。她负责学校公费医疗管理工作，认真负责，1992 年 12 月获得北京市公费医疗管理委员会的奖状，奖励她"在大专医疗院校公费医疗管理工作中，成绩显著"。1993 年 12 月中国政法大学公费医疗管理工作被北京市公费医疗管理委员会评为三等奖，奖金 5000 元全数拨给了学校。

我自己自然不甘落后，虽然我患病多年，但在妻子的鼓励与帮助下，我努力搞好教学工作。我于 1981 年 12 月被评为讲师，1988 年 1 月被评为副教授，1994 年 12 月被评聘为教授。我在申请入党的 17 年后，终于在 1980 年毛泽东主席诞辰日被批准成为正式中国共产党党员。从 1981 年起我先后给本科生、大专生、函授生、双学位生、法律硕士生系统讲授刑事诉讼法学课程，还讲过证据学、刑事辩护等课程。从 1986 年起我连续多年被校党委评为"优秀共产党员"，被学校评为"教书育人、服务育人先进工作者""优秀教师"；1994 年 9 月获评校"首届优秀教学一等奖"。1986 年我还以法律系工会主席身份被北京市总工会评为优秀积极分子，登上了相关的"光荣册"。70 岁时我出版了《李宝岳文集》；80 岁时我出版了《李宝岳文集》第二卷。我所取得的成绩，有我的努力，也有我妻子的鼎力辅助。正如一首歌中唱到的：军功章里，有我的一半，也有你的一半！伟人曾说知识就是力量，而我深有感触的是爱情也是力量。正因如此，2005 年 10 月 11 日，我家荣获校党委颁发的"尊老敬老好家庭"奖牌。

（六）比翼双飞话漫游

我和妻子都喜欢旅游。在岗期间，由于有校、系工会，离退休管理处的组织，还有我到多个校函授站讲课，以及我有机会参加多个省区组织的年度学术会议，和我曾在多个省区办理刑事辩护案件，我携妻子在上述工作之余曾多地旅游。退休后，我们便有了更多闲暇时间，于是到没去过的或是想再去的地方旅游。就这样，几十年里我和老伴游遍了全国31个省区及我国香港、澳门和台湾地区，饱览祖国的大好河山、博大精深的人文景观，也因此使我们更加热爱美丽、壮观的伟大祖国。

在职期间，我曾参加访问团（组）访问过俄罗斯内务部圣彼得堡法学院；访问过英国威尔士、苏格兰；访问过加拿大，先到温哥华然后到渥太华，再到多伦多；访问过爱尔兰，主要在其首都都柏林。访问后，我或写有访问报告或写有专题文章。报告已经存档；专题文章公开发表，有的收录于《李宝岳文集》和《李宝岳文集》第二卷。期间校工会曾组织教职工到泰国游、法律系曾组织部分教师到澳大利亚游，离退休干部管理处曾组织教职工台湾地区游，我和老伴都有幸参加。退休后我们曾单独报团出国游，主要是西欧12国游、俄罗斯和北欧4国游、中东欧7国游、横跨亚欧两洲的土耳其和中南欧的希腊游、西南欧的"两牙"游。在亚洲先后到过包括朝鲜在内的11个国家旅游。在非洲主要在埃及和南非两国游。在北美洲主要在美国的东西海岸若干城市及科罗拉多大峡谷、拉斯维加斯赌城参观，途中经停夏威夷三日后回国，其间从美国的边境城市布法罗过彩虹桥入加拿大，访问多伦多并参观尼亚加拉大瀑布。计算起来我到过49个国次，老伴少我两个国家，即英国和爱尔兰。遗憾的是，已计划去南美洲四国游，终因路程太过遥远而未能成行。出国观光，看到很多人文、自然景观，开阔了眼界，愉悦了心情，特别是我患有严重的糖尿病，老伴患有乳腺癌动了切乳手术，心情有时不好。出国游既锻炼和考验了我们的身体，又使我们品尝了多种风味的美食。能如此多地国内外旅游，最终应该感谢党和国家的改革开放政策，这也是国富民强的具体体现！

▲印度泰姬陵双人照

（七）白头偕老、安度晚年

一晃我们都老了，2003年我俩同年退休。退休后，我和老伴商定，学院路18号楼购买的一套住房给儿子以便他们就近开展工作。而我们老两口则在五环外的农大南路博雅西园购买了一套住房。博雅西园小区中间是一个人工湖，两端有土山、石山，中间小桥流水。环湖苍松翠柏林荫茂密，院内花种繁多，二十栋楼的底层房主也栽花种草。每到春起园内繁花似锦、美不胜收。我们生活在这花园一样的环境里颇感安逸。我曾写一首《双喜》诗赞颂我家的环境。(载《李宝岳文集》第二卷第125页)

双　喜[1]

清晨喜鹊频频叫，
窗外梧桐树树高。
急忙起床问声好，
双双点头尾巴翘。
再询是否听懂了，
展翅拜拜入云霄。

在这平静的生活中，老伴对我关怀备至、体贴入微，越发感受到夫妻间的相依为命、相濡以沫。如我的一日三餐，早餐蛋、奶、燕麦片、自炒黑芝麻一勺；午餐必有苦瓜一盘，说它有天然胰岛素；晚餐吃豆米饭减少糖的摄入量，餐后吃自制的盐炒核桃，说有活血、通便作用。又如我的四季衣服适时调换、定期清洗。每年秋凉后总要给我买双棉拖鞋，以防脚冻伤。春暖换下的毛衣裤都要拆洗后重新针织好。我们的房间较大需要经常打扫，每周六儿子都来帮着擦地，老伴每逢周六前先进行打扫，生怕孩子们嫌脏！尤其到春节前夕，老伴多日里将房间各处打扫干净，不让我参与，怕我伤着，糖尿病人最怕伤着，伤口不好愈合。我始终牢记医生的教导：糖尿病人要把住嘴，迈开腿。因此，每晚餐后两小时起我必定到院内环湖甬路走步慢跑，除了有雷电的天气，我是风雨无阻。老伴经常陪着我，偶遇她不能陪我时，她总是嘱咐我看好路面别摔着。我50分钟后没有回到家，她会巡路找我，担心我摔倒没人帮扶。我患糖尿病已经35年，打胰岛素也已经32年。至今要每天注射4次胰岛素，否则七日后将失去生命。我的老伴数十年如一日，无一日厌烦。打针用的棉签她自己做、自己消毒，酒精、针头要到药店买。特别是新冠肺炎疫情期间她不怕传染每月要到医院给我拿药，回来到校医院报销；门口的理发店也不能去了，她试着给我理发，每次理后我很满意。

---

[1]　原载中国政法大学《夕阳红》2015年第4期第39页。

▲捷克小镇克鲁姆诺夫双人照

　　我已耄耋，头发只剩下一个圈，几次理发时我都请老伴给我理成光头或寸头，她都说不好看，依然理得留有较长的灰白头发，人老了倒也精神！老伴在我身上花的心思太多，说也说不尽，细微之处见真情啊！我对老伴也是倍加爱护，让她高兴、生活愉快，我尽力做一个好丈夫！2000年9月30日我们庆贺了我俩的"金婚"，现在正朝着结婚55年的"翡翠婚"进发。如今有着这样幸福美好的生活，有着现代科技的医疗条件，说不定我俩还能创造奇迹，好好活到结婚60年的"钻石婚"。"钻石恒久远，一颗永流传"，婚姻也是如此。（选自《百度》网中的一说）

三、尾声

　　2020年11月13日，曾和我在一个教研室任教的刘金友教授，在学院路校区18号楼的微信群中赠我一首小诗，诗文是："宝岳教授是好人，为人热情又诚恳。无限热爱共产党，求真务实做学问。夫妻恩爱家幸福，耄耋受奖实相称。唯望老兄多保重，身体健康是根本。"感谢金友教授对我的褒奖，更感谢他对我们夫妻恩爱、家庭幸福的赞誉！但我还是要引用元朝诗人王冕《墨梅》诗中的名句以与金友教授并读者朋友共勉！"不要人夸好颜色，只留清气满乾坤！"

遇见你，是我最美丽的意外

焦洪昌

作者：焦洪昌，中国政法大学法学院院长、教授、博士生导师。

夫人：刘惠敏，中国政法大学人事处副处长、人才引进办公室常务副主任。

2019年12月23日，法大新春晚会在昌平校区礼堂举行，我夫人刘惠敏和梅派传人胡文阁，献唱了一首京剧版的《我爱你，中国》。当"百灵鸟从蓝天飞过，我爱你中国"的京腔京韵，由远及近，飘向观众席时，会场沸腾了。既而，大幕徐徐拉开，身着深色唐装的胡文阁，潇洒地转过身来，续唱"我爱你春天蓬勃的秧苗，我爱你秋天金黄的硕果"，青春的掌声和欢呼声，再次响彻礼堂，这大概就是国粹的礼遇吧。轮到惠敏接唱，她一袭蓝袍，略施粉黛，"我爱你青松气质，我爱你红梅品格，我爱你家乡的甜蔗，好像乳汁滋润着我的心窝"。声音婉转，柔中带刚，有程派青衣"气韵绵长、口含橄榄"的味道。待唱到高音部时，我的手心都出汗了，生怕她与专业演员同台，因紧张而破音。没想到，她异常冷静，轻松地完成了演唱任务。

惠敏是天津人，1981年考入北京政法学院，她平生最喜欢播音专业，无奈那年北京广播学院不在天津招生，就改学政法了。刚入学时，北京戏曲学校、北京曲艺团、北京歌舞团与政法学院共用一个校园，耳濡目染中，她渐渐对戏曲产生了兴趣。特别是听了京剧表演艺术家、程砚秋先生干女儿李世济的戏曲讲座，便开始迷恋京剧，且一发不可收拾。

▲2019 年法大新春晚会

自那以后，惠敏认真体会唱念做打的表演方式，仔细领悟皮黄锣鼓的伴奏结构，甚至和同学们组成戏剧社，学京剧文化，看现场演出，练名家名段。

刚认识惠敏时，得知她喜京剧，我便花了四百多银子，买了台双卡四喇叭收录机，还淘换了李世济先生演唱的《锁麟囊》等录音带，作为见面礼。说来也巧，我住的单元分来一位新同事，叫施泉根，毕业于华东政法学院，也酷爱京剧，马连良先生的录音带，他就收藏了好几盘。我们相互交流，一起神侃：为什么马连良先生发音大舌头；为什么程砚秋先生演唱口闷；什么样的大师算唱念做打俱佳；什么样的前辈叫文武昆乱不挡；京剧学习为何不疯魔、不成活，等等。不过最让我过瘾的，还是听惠敏清唱《锁麟囊》，真是"程派唱念婉而慷，悱恻缠绵入肺腔，余音美妙胜琼浆"。

惠敏除了京剧，也喜京歌、民歌和草原歌曲，学校文艺演出，同事平常聚会，都少不了她的歌喉。我听过"前门情丝大碗茶""请喝一杯下马酒"和"梨花颂"，有时她也和贾彤、李淑荣等演唱现代京剧"沙家浜"智斗一出，堪称法大一绝。更令人难忘的是同事小聚，酒过三巡、菜过五味，淑荣和惠敏往往轮流献歌，国强、小青和秀云等积极跟进，我们则随声附和，饭桌顿时成了剧场。不过，自打淑荣走后，大家唱得就少了。惠敏说，没了淑荣在场，唱歌都觉着寡淡。而今我们焦门聚会，弟子会载歌载舞，各显其能。不过，张鹏和师母的京剧小段儿，还是保留节目。

惠敏是个生活很有规律的人，清晨即起，洗澡、煮咖啡、吃早餐，然后去上班，周而复始，有条不紊。我除了上课或开会，很少吃早点，但每天都会陪她聊一会儿。我们谈的话题很多，从婚姻、家庭、财产到疾病、养老、消费，也谈生死、信仰和未知。惠敏认为，婚姻是人类不自信的产物，但它一定程度上维护了社会稳定；信任是家庭生活的基础，倦鸟归林是正常夫妻的写照；财产与自由、尊严有关，但过分追逐会成为负累；疾病有的能预防，有的躲不开，摊上了就得积极面对；人走不动、挪不动时，老夫老妻的相助才最靠谱儿；能挣会花是本事，回馈社会是美德，不必给子女留太多财产；死亡不可避免，用不着过度医疗，从容回归才是自然；真、善、美是一种信仰，也是一种生活方式，值得终生追求；未知与好奇和想象相伴，对它应保持虔敬之心……

在我和惠敏生活的三十多年里，她经历过两次生死大考和两次腿部受伤，都坚强地挺过来了。第一次是 1988 年 10 月 28 日，当天傍晚，惠敏羊水破了，比预产期提前几天。我赶紧骑自行车，把她带到昌平县医院。同病房的是昌平南邵的一位妇女，二人共闯生产这道关。惠敏很努力，但折腾了一夜，还是难产。我在医院楼道，苦苦地等着、盼着。直到第二天早上八点，医院才决定用侧切、产钳、吸盘等方式来助产。孩子终于生下来了，却伴有脑颅内出血、新生儿窒息和新生儿肺炎，惠敏就更惨了，又发生了产后妊娠子痫。医生把我叫到跟前，问如果母婴不能两全，先保哪一个？我心乱如麻，无法决断，最后本能地喊了一声，先救大人吧。事后想来，我是那么地没用，女儿的生死存亡竟然等待运气来安排。有时，生命像一根稻草，看着柔弱，其实很坚韧。最后母女平安，有惊无险。在昌平居住的那些年，每当女儿过生日，我总带她到出生的医院，感受生命的奇迹。女儿长大了，愈发懂得"孩子的生日是妈妈的难日"这句话的真正含义。

▲2011 年夏天在内蒙古呼伦湖边

2004 年秋天，惠敏经受了生命的第二次考验。她在自我检查时，摸到一个小肿块，怀疑是肿瘤，就到北医三院检查，结果确诊为乳腺癌。做手术那天，医生让我在《手术知情同意书》上签字。他们先向我说明了病情和手术方案，然后详细解释了麻醉和手术的各种风险，听得我目瞪口呆，心惊胆战，顿时脸色苍白，四肢流汗。我一辈子以说话、写字为生，没想到这次签字有这么难。再看看惠敏，她穿着病号服，平静地躺在病床上，胸有惊雷而面如平湖。在这里，要感恩当时的主刀医生，感谢白衣天使，你们的宅心仁术，拯救了我们全家。惠敏在，家就在；惠敏没了，家也就散了。

惠敏身体痊愈后，跟我商量，说想为社会做点什么。有一天，她说顺义马泉营有个助养院，叫"奇妙双手"，收养着先天有缺陷、被父母遗弃的孤儿。平时那里只有几个义工姊妹，照顾十几个不满 3 岁的孩子，她希望每周去一天，抱抱这些孩子。我说，赠人玫瑰，手有余香。每个生命都值得尊重，每一点帮扶都令我们心安。晚饭时她跟我说，从西三旗到马泉营，要开一个多小时。说干就干，第二天惠敏买了饼干和玩具，穿上柔软的旧衣服，一大早便开车前往。助养院很温馨，不少好心人送来食物和玩具。孩子们都姓党，管志愿者叫叔叔、阿姨，管未来的收养人才叫爸爸、妈妈。孩子们既可爱又可怜，希望有人亲近他们，宠爱他们。有个叫党辰瑞的宝宝，大眼睛，很帅气，就是先天发育不全，一整天都缠着我……自那以后，惠敏风雨无阻，每周一天，全心全意地去"抱抱"这些孩子，一共坚持了五年，直到助养院解散。

▲2011 年夏天在内蒙古锡林郭勒盟土豆花地

2022 年，是母校七十岁华诞，学校拟出版校庆 70 周年文化丛书《法大爱情》，共襄大典。本家小妹焦运佳约我写一篇文字，记述过往真实的情感。经验告诉我，距离越近的人，越难溯源，不过我还是应允了。我和惠敏初识于昌平西环里，李秀云和李生是媒人。相识后，我们如雪含烟，听浅粉鹅黄对话；暗香浮动，看桃花杏花低语。我们没举办正式婚礼，几个朋友在家做了一桌菜，就算见证新婚了。女儿出生时 6 斤 8 两，脑袋细长，面容生动。惠敏说，听见孩子的哭声，她就忍不住流泪了，看见我上辈子的情人，她就觉得此生满足了。我打小过继给大爷，事实上比别人多一双父母，惠敏和他们相处得都很融洽，特别是和养母感情更深，老人家离开 26 年了，惠敏还时常梦见她。给二老上坟时，惠敏会动情地说，"给你们寄的钱都收到了吗？别舍不得花呀！你们儿子、孙女都挺好的，继续保佑咱全家安康吧"。

今年我满六十岁了，回首过往，无论顺境、逆境，都得到了惠敏坚定的支持和无私的呵护。她为我哭过，也为我笑过，更为我担心过，但始终认为我是个善良的人，挺有趣，就是有点懒，一生不爱求人。老话说，人生一世，草木一春，来如风雨，去似微尘。在未来的岁月里，我只想和夫人生活在某个小镇，冬天滑雪、游泳，夏天散步、骑行，春天养花、种菜，秋天写字、摄影，共享无尽的晚霞，共听不绝的鸟音。

诗人北岛说，沿着鸽子的哨音，我寻找着你。高高的森林，挡在天空的小路上。一颗迷途的蒲公英，把我引向蓝色的湖泊。在微微摇晃的倒影中，我找到了你，那深不可测的眼睛。

遇见你，是我最美丽的意外。我喜欢你春风挽眉，唇间住着花声。

2021 年 8 月 3 日写于崇礼，谨以此文献给惠敏五十七岁生日。

▲2011 年夏天在内蒙古锡林郭勒盟土豆花地

事业相伴的爱情

冯晓青

作者：冯晓青，中国政法大学二级教授、博士生导师，知识产权法研究所所长，知识产权法专业国家重点学科负责人和学术带头人；中国知识产权法学研究会副会长、中国知识产权研究会学术顾问委员会委员、高校专业委员会副主任委员。

夫人：杨利华，中国政法大学教授、知识产权法研究所硕士生导师，中国知识产权法学研究会理事。

我和爱人杨利华教授，都是湖南长沙人，于 2005 年 10 月调入我校民商经济法学院知识产权法研究所工作。光阴荏苒，到 2021 年 9 月，我们都正好工作满 30 年，并在 2021 年教师节表彰会上受到表彰。我们将人生工作和奋斗的黄金时段献给了法大。夫妻双方一同在法大工作的教职工可能不是很少，但处于同一专业的可能不多。我们就属于那种为数不多的事业相伴的类型吧。由于工作性质完全一样，除日常的生活琐事外，"知识产权"成了我们茶余饭后的"主题词"之一。进入法大以来，我们在追求共同的事业——知识产权法教学、科研和人才培养中收获很多，包括教学科研上的切磋及互相支持与鼓励、研究生的共同培养（在法大工作至今，我们以导师身份分别指导硕士生共计三百多人，我还指导博士生和博士后，共计四十余名），同时也增进了感情，感悟良多。在法大 70 周年华诞之际，遂寥寥短文，与读者分享"事业相伴的爱情"的魅力。

我们在调入法大工作前，一同在湘潭大学工作。在湘潭大学工作期间，我们深深领会到"成家立业"和"柴米油盐"的"味道"，当然还有"为人父母"的责任与天伦之乐。其中，在不断收获事业成就的同时（我在1994年和1998年分别破格晋升副教授和教授，当时分别是28岁和32岁，她在1998年破格晋升副教授），也有浪漫情怀；有为人父母的欢乐与烦恼，也有日常琐事的困扰和事业发展的挑战。岁月悠悠，我们留下了奋斗的足迹，也留下了互相支持和帮助的印记。

▲夫妻合影

从1999年9月起，我开始离开湖南进行学历提升之旅。先后在北京大学和中国人民大学攻读法学博士学位和进行博士后研究，期间还受国家公派从事访问学者研究一年。这五年间，我基本上在北京和国外"苦练内功"，博览群书，夯实专业基础，并先后完成了至今被自己视为"三部曲"的个人专著《知识产权法利益平衡理论》《知识产权法哲学》《企业知识产权战略》，它们均为我国知识产权相关领域第一部专著。这期间，我们像很多家庭一样，领会到了夫妻分离的"滋味"，尤其是她还深深体会到一个人带小孩的艰辛。这几年在外的学习和研究，多亏她有条有理地安排好了学校的相关工作以及小孩与老人的照顾，才使我安心如期地完成了学业和研究任务。

2005 年 7 月，我从中国人民大学博士后出站后即办理了调入法大的手续，终于在同年的 10 月份入职。从此，我们开始了在法大共同从事知识产权法专业教学研究和人才培养的人生历程。这段历程，值得我们很好地回味和总结，因为我们深深体会到了什么是"事业相伴的爱情"：互相切磋和支持，困难时彼此给以勇气和力量，成功时不骄不躁，继续砥砺前行；在共同的事业追求和发展中，获得快乐，实现人生的价值。

事业上互相支持，既是事业发展的重要保障，也是夫妻双方在事业发展中增进感情、促进家庭和睦的重要方式。进入法大工作后，考虑到此前她在高校工作期间打下了较为深厚的法学专业基础并积累了相当的法学研究成果，于是建议她报考中国人民大学法学博士。终于，在克服了种种困难后，她于 2008 年如愿以偿，顺利毕业并获得了中国人民大学法学博士学位。由于我们从事一个专业，她对知识产权法专业的热爱也是深受我的影响，在近些年来我们从事的科研和人才培养工作特别是研究生培养中，我们真正做到了互相帮助。这在从事不同专业性工作的家庭中，恐怕是难以想象到的。这里选择一两个对我们之间专业研究和发展具有重要影响的事例予以介绍。

国家项目的申报，是我们高校教师从事科研工作的重要一环，学校科研等相关部门也十分重视这一工作，法大在这方面成绩斐然。由于国家课题申报竞争十分激烈，取得突破着实是很多老师梦寐以求的事情。在这方面，除学院和学校层面的支持和帮助外，我们之间的互相鼓励和支持，亦是十分重要的因素。我进入法大工作以来，共主持了 3 个国家社科基金项目，其中重大项目 2 个、一般项目 1 个。不得不说，我 2010 年底主持的第一个国家社科基金重大项目的成功是得益于在关键时刻爱人的鼓励与支持。原因在于，这个项目（10&ZD133）属于典型的学科交叉项目，知识产权只是其中的一个重要内容，所以当时我严重缺乏信心，并且已答应以其他专家作为负责人申报。眼看申报截止时间日益临近，她突然果断地提出要我一定要作为负责人申报，并且认为该课题专业上的短板可以由她予以弥补，因为她过去在高校工作期间从事的专业与之直接相关。关键时刻，她给了我信心，项目一举拿下。经过 6 年研究，积累了较为丰富的经验，最终于 2016 年顺利结项。2017 年，我接着顺利地拿下了第二个国家社科基金重大项目，目前研究接近尾声。最近十年来，我以国家重大项目为核心的学术研究，既给学科和学校带来了重要的学术成果，也收获了诸多个人荣誉与成绩，包括入选国家百千万人才工程"有突出贡献中青年专家"、文化名家暨"四个一批人才"、享受国务院特殊津贴专家、国家高层次人才特殊支持计划（国家"万人计划"）哲学社会科学领军人才、北京市优秀教师等。这些荣誉实际上也饱含了她持续不断的支持和鼓励。当然，这些年来她在本专业上的发展和专业水平的大幅度提升，也深受我的影响。

至于专业人才培养，特别是各类研究生培养，则更是我们"共同的作品"。由于专业相同，我们真正做到了"导师集体指导"。她指导的研究生得到了我的同等指导，我指导的研究生也得到她在生活和学业方面的诸多指点和帮助。通过共同培养研究生，我们也有了另一份共同的收获。

当然，作为夫妻，也是父母，还有另一份共同的责任，就是子女的培养和教育、发展。与个人事业发展相伴，子女的成长和教育，是国家未来发展的希望。在这方面，每个家庭都有很多故事和个性化的经验。说起这一问题，爱人似乎也颇有自豪感，因为她深刻地体会了如何培养一个北大本科生，如何培养一个睿智和富有理想的优秀人才。

生活是一个万花筒。家庭，则是社会组成的基本单元。家庭生活，当然远不止于专业志趣的投合，更多的是在日常的"柴米油盐"和互动交流中体会生活的味道和美好。在专业之余，我们发展了其他一些共同的爱好。例如，随着年龄的增长，身体锻炼变得越来越重要。我们利用现有条件，通过乒乓球运动和篮球运动，附近登山、走步、跑步等多种形式锻炼身体。有时，我们会一起去外地调研考察和旅游，有时会一起回老家看望老人，以尽晚辈孝心。通过多种形式，在领略祖国大好河山的同时，增进了情感。

在法大，我们一起度过了十六年，收获了事业，也收获了爱情。我们深深感受到，爱情意味着双方的付出和包容，意味着相互的支持和帮助；意味着分享快乐，也意味着逆境和困难中的同舟共济；意味着一份家庭的责任和担当，也意味着在事业奋斗中追求幸福和快乐。同时，也意味着对于感情的珍惜和持久的培育，更何况我们这些只有过初恋的人。

他来之前，我是荒岛；他来之后，满是花香

王 蕊

男主：贾力鑫，中国政法大学国际法学院 2007 级本科生，现就职于浙江稠州商业银行湖州分行。

女主：王 蕊，中国政法大学国际法学院 2007 级本科生，现就职于浙江省德清县人民检察院。

我是王蕊，2007 年秋天来法大求学，作为一名各方面都平平无奇的女学生，我压根没想过我会在法大开始一段同样平平无奇但旷日持久的爱情故事。14 年里，我们从北京到上海，又从上海到浙江，故事的男主角一直都是他，唯一的改变是我们多了两个可爱的宝宝。

"我可以摸摸你的肚子么？"

如果你问我，我们的爱情故事从何开始，我想是那个始终像棉花糖一般、深埋在我内心深处的"柔软"。

2007 年冬天，我们同在一间活动室参加活动，在狭小空间里一下挤进这么多人，若不是他的肚子，我可能根本不会注意到他。

"我可以摸摸你的肚子么？"人群中，我向着那个穿着蓝色短款羽绒服、挺着一个大肚子的他说。我脑海中浮现出猫咪翻倒在地，懒洋洋挺着肚子等待被抚摸的画面。征得他同意后，我隔着厚厚的羽绒服向下按了一下他的肚子，那种软绵绵的手感，瞬间直抵我内心深处。于是，我们的爱情始于心动的手感。

接下来，我们的爱情就这样平平静静地逐渐生长、开花。由于我们是同班同学，见面的机会自然也多了起来。大一那年冬天，他特别爱穿我第一次见他时穿的那件蓝色短款羽绒服，我也总能在人群中一眼就看到他，而每一个我看到他的瞬间，他碰巧也在看向我。我想，爱情最美好的样子大抵就是我喜欢你，而你恰好也喜欢我。我还记得我们绕着操场一圈又一圈地散步、聊天，我们之间有说不完的话题。2007 年的昌平还没有电影院，元旦的晚上我们一起去学校礼堂看电影，他很自然地牵起了我的手；那时昌平也没有通地铁，他也总是牵着我挤 345 路公交车，站一个半小时进城；那时候也没有智能手机，我的诺基亚里至今都是那时候留下的、舍不得删掉的短信。

当迷失自我时，是他始终给我振作的勇气

爱情不可能没有争执，因为只有真正相爱的彼此才会不经意展示出自己不好的那面，而好的爱情就是让那些缺点、疑惑、冷漠、妄想，终究在巨大的包容和温暖面前，升华为心中对爱情最坚定的信仰。

恋爱中的女生，感性大于理性，总希望时时刻刻能腻在一起，但他偏偏是学校的活跃分子，一直都在校团委宣传部做学生干部，于是我们在校园里就经历了"工作"与"生活"的冲突。2008 年奥运会、2009 年国庆 60 周年游行、元旦庆祝晚会、校庆……他作为校团委宣传部的主力，总是让我们一次次精心筹划的约会以我被"放鸽子"而结束——吵架是无法避免的。那时的我也个性十足，玩失踪、冷战、闹分手……听过的招都用过，没听过的创新变化也要用，根本没有什么套路。但他总是无条件包容我的任性和无理取闹，一点一点重建着我刚刚失去的安全感，而每一次重建后的感情都比之前的更加坚固。

转眼就到了毕业季，他接到上海一家银行的 offer，而我得到了家乡乌鲁木齐的工作机会，可我知道，如果回去，我肯定会失去他。我不想当"毕业即失恋"魔咒的受难者，于是我毫不犹豫地选择了爱情，随他一起踏上南下的列车。可随之而来的却是我人生的最低谷。

▲2011 年，我们毕业了

　　因为各种原因，我一直没有找到满意的工作，那种走出法大意气风发的自信和对美好生活的向往被现实击得粉碎，我每日都承受着痛苦和煎熬。还好，在至暗时刻，他一直陪在我身边，帮助我一步一步从思想的泥淖里挣扎出来。我渐渐找回了自己，开始适应在大城市快节奏的生活。没过多久，我们就"触底反弹"。他因工作调动，我和他一起回到了他的家乡——一座美丽的浙江小城，我也顺利考入当地检察院，成为体制内的一颗螺丝钉。我们的生活逐渐步入正轨。

我们的爱情图腾——"Better me"

　　2014 年，在相识的第七年，作为彼此的初恋，我们结婚了，婚礼的主题是"Better me"。

　　婚礼前的晚上，我在婚床上回想着我们的初相识，他跟我说过一句话："只要一个人仍然朴素而饶有兴致地生活着，他终究会发现，世上的一切安排都是水到渠成、自然而然的。"随着时间的流逝，我们经历的事情越来越多，我开始发自内心地认同这句话。从前的我对生活常常抱有怀疑，更谈不上什么热情。但在他的影响下，我从一个懵懂、不自信的女孩，成长为两个男孩的母亲，我积极地参与柴米油盐的日常生活。曾经那些我放弃过的、没有勇气开始的、尝试过又失去的东西，一件件被生活带来，填满了我的空虚，让我整个人都充实了起来。

　　婚礼那天，结婚誓词是我们唯一独自完成的环节，谁也不知道对方会写什么。我们背着对方写下了对未来的期许，7 年的爱情默契让我们对未来的憧憬竟然出奇一致。转瞬间，相爱的日子像电影般在我脑中飞快流动。原来这些年我们竟为彼此改变、付出了如此之多，也正是在那些改变、付出下，我们都成为更好的自己。

▲2014 年，我们的结婚照

▲2021 年，毕业十周年回到法大

　　后面的日子更加平淡如水。结婚第二年我们有了第一个宝宝，紧接着又有了第二个宝宝。比起其他人，我们的生活的确很平淡，毕业这么多年，并没有很大变化。我时常觉得，我们每个人都是一座孤岛，在他之前，我的岛上几乎寸草不生，因为他的到来，我的岛上满是花香。他是贾力鑫，我的丈夫、我的爱人，也是我最好的朋友、伙伴。14 个年头，我们的爱情依然如陈酿，愈酿愈醇。

给你的一封信

张力玮

男主：张力玮，中国政法大学国际法学院 2011 级本科生，现就职于北京市中伦律师事务所。

女主：伍家惠，中国政法大学国际法学院 2011 级本科生，现就职于英国年利达律师事务所。

家惠：

今天是 2021 年 6 月 7 日，是高考的第一天，是广州疫情防控下社区封闭管理的第十天，是你去香港工作的第二个月刚满，同时距离我们的儿子一周岁还有一星期。

时值六月，南方的夏天少不了潮湿闷热。刚才还是艳阳高照的桑拿天，但一转眼，乌云厚重，一场大雨不期而至。疫情当前，我是不用去律所办公了，但工作没有停下，微信上"××工作群""××项目群""××内部沟通群"的左上红点一直在"冒泡"。在众多"红点"与聒噪当中，我还是一眼看到校友群发出的校庆 70 周年文化丛书《法大爱情》征稿启事。点击链接，首先看到的是封面的玉兰花，很治愈，感觉隔着屏幕都能闻到校花那股沁人的芬芳。

征稿启事的第一行"岁月不居，时节如流，中国政法大学即将迎来 70 周年华诞"。是啊，我们 2011 年入学时是迎接法大的 60 周年华诞，而我们认识至今，也正好十年了。时光如梭，岁月无声。我看了一眼正在熟睡的孩子，关掉工作微信，打开一个新的文档，心想，要不就由我这个过气文青给你写封信吧。

　　征稿启事封面的玉兰花，如果我没猜错的话，应该是拓荒牛前的那几株，你还记得吗，我们入学时加入的第一个部门——国经调研部的第一次聚餐活动，就是在那里集合的。还记得那天傍晚的你，作为南方过来的女孩子，你把自己裹得严严实实的。你性格内敛文静，戴着大大的黑框眼镜，就像是卡通片《IQ 博士》里的阿拉蕾。走去饭店的路上，我俩走到了一块，那时"愣头青"的我实在找不到话题，便硬着头皮侧身问你："你好，请问你是党员吗？"如此有党性觉悟的开场白，估计是震撼到你了，你先是沉默了一下，旋即看着我不失礼貌地微笑着回答："是的，我是，你呢？"

　　竟然是这么一段对话，开启了我们的校园爱情以及后续的十年征程。

▲ 有你相伴

　　之后再见你，是在国经的一次演出上，我做梦都没想到，那个内敛文静的女孩唱跳竟然毫无压力，甚至后来还担任了国经合唱团的团长，扛起了国经文艺大院的招牌。那时候台下的我，是你的小粉丝，眼里都是自己的偶像。还记得之后的元旦晚会上，你打扮得像一位仙女，妆容淡雅，一身轻纱，演出完毕收拾停当已是夜晚 11 点，京郊朔风凛冽。

我知道你已经很累了，于是跑到你跟前，把自己的大衣披在你身上，陪你走回梅三宿舍。走到梅三宿舍楼下的小花园，我们找到那张秋千椅坐下，你紧紧地裹着我的大衣，下意识地靠在我肩上，而我，终于鼓起勇气说出了一直都想说的那三个字。

我们还有一个大本营，那就是启运体育馆。当时我作为校羽毛球队的成员，为准备 2013 年的全国大学生羽毛球挑战赛，差点就把启运体育馆当家了。那段时间，你为了陪我，提前从家里结束暑假回学校。想来也巧，一次训练中有位女队员受伤了，又是假期实在找不到替补，教练见你常来又很有天分，于是把你招到队里，零基础速成。后来，你随队取得了女团前八的好成绩，羽毛球也因此成为你的爱好。许多个周末，其他同学纷纷结伴去看电影，"进城"约饭逛街，而我们则是以打球作为最直接、最健康的约会方式。

素什锦年，荏苒如梭。转眼间，昌平区府学路 27 号的四年走到了尾声，我们一起准备雅思、司考与考研，明法楼、环阶、法渊阁、文渊阁都是我们曾经奋斗过的地方。每天早上 8 点开始学习，一直到晚上

▲毕业了！

10 点，我从来没见过如此学霸的你。我们都知道，毕业意味着许多，我们需要迎接新的人生阶段和社会角色，校园情侣在毕业季各奔东西的故事，我们在之前已经听过不少。此时我们抓住这宝贵的备考时间的决心，就如我们想紧握彼此的手走过这一人生重要关卡的信念一般强烈。那段时间，除了你，我感觉见得最多的就是文渊阁的老大爷、环阶的小猫咪与卖司考书的小哥。

可惜的是，研究生阶段我们还是分开了，你在北京，我则回到了广州。北京到广州，2100 多公里、3 小时的飞机、8 小时的高铁，成为立在我们之间的屏障。所幸的是，我们守住了这份感情，并且在家人的鼓励与祝福下，作出了人生最重要的决定——2016 年 9 月 3 日，我们领证了，成为法律意义上的夫妻。这天是中国抗日战争胜利纪念日，这个特别的日子为我们的校园爱情征程画上了一个句号。2017 年，我再次回北京见你，还是在法大，但已然在海淀区西土城路 25 号。分别两年，昌平线已从南邵延长至东关，常坐的公交由 886 变成了特 8，主楼已然换"新装"，随之改变的，还有我们从学生身份到职场人士的转变，国贸慢慢地替代了校园，成为我们常驻的地方。

研究生毕业后，我们住进了三环边上小小的房子，成为"北漂"队伍的成员。律师工作很忙，离开法大校园后，分别仍旧是我们生活的主线。毕业后的那两年，因为工作需要，我经常出差驻场，而你也常往返于北

▲我们仨

京、上海、香港、伦敦，直到 2020 年 6 月份，我们迎来了小宝宝的诞生，一家三口才其乐融融地相聚在广州。

敲字到这儿，大雨已停，记忆"流水账"被窗外雨后新晴后青草与泥土的味道中断。我盖上电脑走到阳台，因为疫情的原因，大桥、马路、人行道变空，公交车安静地排列在社区门前的总站，仿佛时间静止，只有在远处的地铁不作任何停留呼啸而过的瞬间，才让人感受到时间的流动。离开法大，转眼已数年，再次回去，可能是本科毕业十周年？那时宝宝五周岁了，可以跟我们一起回去看看法大了。

先写这么多吧，我知道你工作很忙，闲暇时看看？看看我们的过去，看看我们的法大爱情。这段时间，在香港好好照顾自己，注意饮食与个人防护。我跟儿子在家一切安好，无须挂念。我们爱你、想你。

张力玮

2021 年 6 月 7 日

在法大遇见，愿携手一生

纵　华

男主：纵　华，中国政法大学国际法学院 2011 级本科生，现就职于深圳市宝安区人民政府。

女主：余安琦，中国政法大学国际法学院 2011 级本科生，现就职于深圳市人力资源和社会保障局。

我和余安琦是法大本科同班同学。在第一次班会上，安琦穿了一件浅蓝色的薄外套，蹦蹦跳跳上台作自我介绍，现在我还记得那个夏天、那间教室的画面。当时作为副班长的我，为了活跃班级气氛，每晚给大家群发网上找来的冷笑话，只有安琦每次回复我，虽然后面安琦总说她是出于礼貌才回复我的信息，不过我俩却因此有了联系。但要说起真正相熟，还是在大一下学期快开学的时候，安琦邀请回到学校的舍友一起去吃烤鸭，提前返校的我偶然知道，于是便厚着脸皮同行，聚会结束后还一起游了故宫，这算是我们第一次出行。

从那开始，我们经常一起上课、吃饭、聊天，就这样渐渐熟悉起来，成为无话不谈的好朋友，直到 2012 年 11 月最终确立了恋爱关系。

校园恋爱简单又平静。一起上课、一起自习、一起听讲座、一起奋战考试，当然也会一起偶尔翘课、一起"进城"、一起吃吃喝喝。法大校园里的每个角落都充满了我们的回忆，当时我在竹三楼，安琦在竹一楼，在宿舍走廊里隔着窗户就能看见对方，电话粥经常煲到凌晨，去食堂吃饭总要聊到食堂关门，一起在麦当劳刷夜，在南门书报亭就着两杯北京老酸奶坐在小板凳上也能聊到门禁时间。四年一晃而过，仿佛昨天我们还在积水潭一起等 886 路车回昌平，有笑声有眼泪，有汗水有回报，有时候觉得时间很漫长，漫长到不知道未来在哪里，等走过才发现，每一天都如此值得珍惜和回忆。

2015 年，临近毕业，又一次走到了人生的岔道口，我们也非常清楚，一不小心可能就会错过彼此，还好我们最终有惊无险地闯过了这个关口。当时原本说好一起申请出国，但是经过漫长的申请季，我被美国圣路易斯华盛顿大学法学院录取，而她的录取通知书却迟迟没有到来，我们每天都在担忧和焦虑中度过，我故作淡定地安慰她说没事，其实内心也很慌张。还记得那是一个早上的凌晨四点，两人同时没有原因地醒来并查看邮箱，看到同样来自圣路易斯华盛顿大学法学院的录取邮件，我们兴奋地

▲2011 级国际法学院本科毕业晚会留念

给对方发微信，却发现竟然在同一时间看到了邮件，那一刻的感觉无疑就是幸福，冥冥之中，或许这就是天意。

毕业的那段时间总是伤感，眼泪似乎会随时掉下来，因为很不舍得法大，不舍得法大的一草一木、一人一事。拍过毕业照片，我们在法大的每个角落都留下了合影，直到现在还会不时翻看，一起回忆在法大的青葱四年。还记得毕业前夕，大家一起准备毕业晚会表演，那段时间一起排练、一起欢笑、一起大哭，许是因为知道青春再也回不来。那个晚会是我们唯一一次共同登台，不知道那个时候是哪里来的力量可以让她骑到我脖子上，还是因为那个时候她很轻？

▲ 法渊阁前毕业留念

2015 年 7 月，我们正式离开了法大校园，准备奔赴美国求学。第一次出国读书，紧张中带着难言的兴奋，但幸好有彼此同行。从北京卧铺到深圳，经深圳蛇口码头到香港，再从香港机场起飞，那时并没有想到，多年后深圳会成为我们生命中重要的城市。

到了美国之后，才感受到了真正的挑战。因为在美国大部分研究生无法申请学校宿舍，需要校外租房，而关于房子的一切水、电、气、网络等都需要自己去联系开通，那个时候才第一次感受到以往参加过的所有英语考试和真正的生活用语比起来还是有很大差别的。此外，圣路易斯公共交通也比北京差很多，生活非常不便，在买车之前不管多重的东西都要靠自己搬回家，和国内的学生生活完全不一样。幸运的是，在华盛顿大学有很多热心的法大师兄师姐，在生活和学习上都给了我们很多的帮助，这也是后来选择继续留下来攻读博士的重要原因。异国留学很辛苦，学业繁重、环境陌生，也不比在国内时好友成群，唯一庆幸的是可以互相体谅、一起经历这一切，在遇到困难时，给予对方鼓励和支持。我们尽量选修相同的课程，就像在法大时一样一起预习、讨论、备考，最终顺利取得继续攻读博士研究生的机会，并在博士期间领了结婚证。

博士毕业时，我们的宝宝芃芃出生了，这对我们来说既是压力也

▲ 留美期间假期赴墨西哥旅游合影

是动力。怀着芄芄期间，我和安琦通过了中国法律职业资格考试和美国纽约州律师职业资格考试，在这里给安琦点赞，她能在孕期同时拿下两个职业资格证书，非常不易，同时感谢芄芄给我们带来好运，给这个家庭带来欢声笑语。

▲拍摄于法大校园长亭走廊

博士毕业后，我们选择去纽约工作。法大的同级校友 Ray（化名）给安琦介绍了一位法大师兄在纽约开设的律师事务所，当时很感慨也很感动，虽然人在异乡，但法大校友的力量一直给我们带来莫大的帮助。我随后也找了一份律师工作，自此在纽约工作和生活接近一年。后来因为职业规划的改变，我们决定带着芄芄回国，此时正逢深圳市政府河套深港科技创新合作区面向全球招聘特聘博士，我们又很幸运地同时获得在深圳政府的工作机会，并于 2020 年新冠肺炎疫情暴发前 20 天带着孩子回到深圳。几年之后，我们从美国飞回香港，又从香港到了深圳蛇口码头，归国的航班和当年赴美留学的路线恰巧重合，为我们的这样经历画上了一个圆满的句号，同时也是又一段新生活的开始。

现在我们定居深圳，自本科毕业后因为出国和疫情的原因一直没能回到法大，希望 70 周年校庆时可以带孩子一起回去看看，我们期待着，再听到 886 公交车那一声报站："下一站，中国政法大学"。

小月河边唱起我们的未央歌

童海浩[*]

　　小月河安静地流淌着，犹如翩然的红缨，和着风起舞。在青绿蓝白之间，法大这枚宝石镶在正当中，像一场雨恰如其分地洒在一片干涸的土地上，悠然自适，风采奕奕。在这片安静之地，正如祥和的石狮子和年轻的人们所见，都带着青春的气息，白天和夜里的景致是这样，夏日与寒冬也并无二致。但像是那些玉兰花，因花色不同便分出了白玉兰、紫玉兰，从一个人到另一个人，从一个日子到另一个日子，小月河也总有变化得以显露：白日的通透，夜里的深邃，夏日的温度，寒冬的缄默。在这万千时日中，原本寻常的一刻，隐没在同类之中，但因一些美好的、欢愉的、焦虑的、烦恼的事情发生，便成为青年男女们的纪念，而那些风景作为见证者也纷纷跃上前来，从一片模糊中脱颖而出，变得永远清晰并富有情感。

　　爱情大都始于平常。我们在小月河边相识，从读书会一起读柏拉图的《理想国》《法律篇》、亚里士多德的《尼各马可伦理学》《政治学》开始，慢慢相互熟悉，聊了各自远离嚣嚷的理想，聊了很多美好纯粹的事情。由此有了更多的了解，也正因为对彼此的了解，深信对方能够陪伴一生，终于向彼此走近，成为各自人生中不可或缺的一部分。在那段日子里，我们花了很多时间在小月河边散步，对那时的我们来说，如果时间有形状，那它肯定像小月河一样绵长；如果时间有色彩，那它肯定像小月河一样清亮；如果时间有温度，那它肯定像小月河一样和暖。

---

　　* 本文作者童海浩，中国政法大学法学院 2016 级博士研究生。

思绪翻回往事，我想五月是一年中的好时候。小月河像是睡了个好觉，由南到北，高低起伏，在杨柳编织的光影之外，自顾自地缓慢展腰，于是一切就都苏醒了。这个时节，水量变多，水草悠游，飞虫跳舞，柳絮是树的语词，微风是它的节律，连接着河水与陆地，连接着草木和枝叶，这些构成了和谐的有序的整体。沿着弯曲的渠岸，隔着车水马龙，一些人赤膊汗流在跑步，一些人说说笑笑在遛狗，而我们和另一些人一样，不急不慢地散步，我们有说不完的话，说什么似乎并不重要，一个话题有时会戛然而止，另一个话题就自然地被接上。从小月河的一头走到另一头，从一条路过去再选另一条路回来，像是不知疲倦，我们在小月河这张机杼上，纺织斑斓的布匹。我们也时常拾步元大都古城垣，在如今微隆的土包上，很多人用脚走出的泥石小路，笔直地陈列着它曲折的经历，"蓟门烟树"碑忽然出现在途中，而小路尽头的小亭子，像是一个褐色的句号，为我们的步履树立了边界，但我们也得以停下来，看得更远。擦着松树的树顶望过去，步行道上的人，跑步的还在跑步，遛狗的还在遛狗，散步的还在散步，不远处广场舞音乐热情地响动。我们有时会莫名地庆幸，在两条川流不息的马路之间，留下这样一片狭长地带。或者是一位领着孩子的母亲，或者是一位扶携老伴的丈夫，或者是一对恩爱如蜜的恋人，或者是一位苦思冥想的思想者，或者是一群热情打闹的孩子，他们得以在城墙驻足，在石上漫步，在树下穿行，在花间闻香，在水边凝思，在忙中得闲，在闹中取静。

每次风来无雨，我们走在小月河边，等到天色慢慢暗了，风筝总会如时出现。风筝亮出红色的翅膀，在天空中翻腾，最后歇在了某个高度。到天愈发晚了，便再看不见风筝线和风筝的骨架，只余下一点一点闪烁，像凭空生出的彩练，自由自在。趁着这夜色，放风筝的人得到了快乐，也取悦了举目观望的人，他的快乐是双重的——乐己之乐和乐人之乐——因而是厚重的。在不经意间，仿佛突然降下的夜幕中，教学楼的灯此时更加亮眼，这白色平日是沉静的颜色，此时却有了催促的意味。吃完晚饭后，出门遛弯的人也慢慢多起来，趁着食堂还未关门，我们便不情愿地往回走了。越过小桥，从两株不高的松树中间转过去，下到地下通道，起来便上了东门。地下通道临近小月河的一边，常有人在演奏萨克斯风，吹奏者是个中年男人，他似乎很认真地在跟人们分享，看起来总是沉醉其中。我们一起吃完晚饭后，通常她会回到宿舍，我则钻进教学楼，关掉手机，开始晚上的阅读或码字。有时她也会去教学楼复习，但我们选择待在两间教室，等后勤阿姨来打扫时，收拾完东西，我们就一路结伴往回走。

2018 年我去国外交流，我知道她既为我开心，也为我们的分别伤心。在她的牵挂肚中平安落地，此后的一年时间里，我们克服时差，用微信联系。她通常会在自己这边的白天、我那里的晚上打给我，她说这样占用休息时间，而不至于影响我的学习。我们通话时，我脑中常有画面，似乎我们像往常一样正身处小月河边，漫无目地走着路、天荒地老地聊着天。想象着我们行到小月河的中途，习惯地隔着川流不息的学院路，从两扇白色马路护栏的缝隙望向学校，等待着泰山石用它的安稳接纳波澜的心。回国后，我不得不马上投入紧张的论文写作中，每天的工作就是按照要求推进写作计划，她给予我最坚强的鼓励、最慷慨的支持、最耐心的聆听、最温柔的安慰，我很感谢她，包括世上所有美好的事物。至今，我们早已从学校毕业，因为疫情原因而匆忙离校，留下了一些遗憾，未能在"法治天下"碑前穿学位服合影算是其中一个，希望拍结婚照时能够弥补这个遗憾。

在小月河边，我们唱起未央歌，很多热烈的记忆都挥之不去，很多欢快的感受始终持存于心。我们的爱情在法大发芽，在此后的每一个日常里生长，没有那么多轰轰烈烈，但也总是甜甜蜜蜜，有惊有喜，因此甚至不愿想象，如果没有遇到彼此，如今的生活会多么乏味无趣。记忆中的小月河是夏天快到的样子，它热烈而充满着希望；小月河边的法大迎来了 70 岁的生日，她孕育爱情呵护理想，永远年轻美好。

细水长流

过完了这个月，我们打开门

一些花开在高高的树上

一些果结在深深的地下

——摘自海子《新娘》

嘿，二食堂见！

罗惠元

男主：赵　义，中国政法大学民商经济法学院 2005 级本科生。

女主：罗惠元，中国政法大学国际法学院 2005 级本科生，现就职于北京大成（长春）律师事务所。

这对同学 2009 年本科毕业，共同回到家乡参加工作，然后就领了证、结了婚，陆续生了两个孩子。男主常常遗憾："没相过亲，太可惜了。"女主常常抱怨："如果不是 25 岁就开始怀孕生娃，我现在还应该是仙女呢。"

"唉，都怪你，唉……"

2007 年，大二的尾巴，男女主角因为社团工作而相识，"老乡见老乡，两眼泪汪汪"。虽然没有搂脖儿抱腰、称兄道弟，只是礼貌地问了好，但依然在彼此心中埋下了一颗种子。

男主在民商经济法学院，女主在国际经济法学院，除了社团工作频繁接触，还意外发现，刑事诉讼法、知识产权法等课程，都选了同一位老师。男主眼睛很小，女主完全摸不透他是不是在偷看她；女主高度近视，不戴眼镜时很难聚焦，男主也摸不透，她是不是在偷看他。

一次课上相遇，两个人之间隔着一个空座位。女主课上偷吃巧克力，一回头发现男主正在看巧克力，女主鼓起勇气问了一句："你要来一块么？"

那个暑假，男主做了一个很酷的决定，骑行 1000 公里从学校回家。因为这件事，女主严重地关注到了他。

后来，她问他："你是什么时候开始关注我的呢？"男主冷冷地说："咱俩因工作原因第一次在二食堂吃饭时，我看你把碗里的米线全吃了，又开始盛汤，盛了好几碗，一滴没剩。还有一次，一盆水煮鱼，你把豆芽挑光了。"

难不成，男主觉得女主饿得太可怜？

那时候，他俩还没恋爱，女主远远看见男主和一个女孩儿在校园里走过，就要偷偷打听，好害怕他已经被预订："他身边那个女孩儿是谁？""他有女朋友了么？""他是那种勾三搭四的人么？""他们关系如何？"

女主小心翼翼地跟室友说："他会不会被其他女孩儿抢走？"室友说："也就你一个人觉得他帅，你放心吧。"

那时候，还没恋爱，大雨天，因为她说喜欢下雨，于是，他约她在校园里拍雨景。拿着三脚架，单反，一把大雨伞，简直是套路满满。他给她发一千多字的短信，那个年代的短信，只能70字/条，最后，他想说的话被拆得七零八散。

▲我们毕业了！

如今，十五年过去了，两个人都不愿承认，当时到底是谁主动，这是家里的未解之谜。

　　毕业那年，面临工作地点、职业的选择，二人从未有过争议，愉快地回到了家乡省会城市。

　　因为，从恋爱时起，就没想过分开。

　　缘分很奇妙，当遇见时，会有一种感觉告诉你，那个人可以依靠，很安全，很踏实。

　　男主和女主的行事风格很相似，却又很不同。

　　相似的时候，三天假期也要出去玩。在草原上自驾，看一望无际的蓝天；在高原上蹦蹦跳跳，差点缺氧进医院；女主爱山，男主爱水，山水之间，都是对生活的热爱和对自由的向往。

　　当然，两人也有很多不同。女主想不明白，为什么他每天都是等孩子们写完作业了才加完班回家，巧妙地避开了辅导作业这项艰巨任务。男主也想不明白，她做什么菜都像猪食，孩子们却吃得白胖。或许，有了柴米油盐酱醋茶的生活，才是人间。

　　人间最美好的事，就是有无话不说的朋友，刚好，他们是彼此最亲密的朋友之一。法律人的思维逻辑是，不吵架，讲证据，讲道理。正如女主曾经的老本行一样，分析事实、总结争议焦点、作出决定。人生路很长，会发生很多事，他们约定，遇事协商，不抱怨，不后悔，手牵手向前走。

　　前年，他们带着

▲我们的家

孩子回到校园，孩子坐在妈妈宿舍楼下的台阶旁。那情景，像极了当年的爸爸，常常在那个地方等着妈妈，去图书馆上自习，去军都服务楼买水果，去操场上遛弯儿，或者，打个电话："嘿，二食堂见！"

去年，他们又带着孩子去了校园，因为疫情原因，只能在门口拍拍照。他们告诉孩子们，这里是中国政法大学，爸爸妈妈在这里学到了很多很多的知识和道理，认识了很多很多志同道合的同学，要记住她的名字哦！

Now, their sons love CUPL too!

法大四季皆有爱意

高 芸

男主：梁　晨，中国政法大学国际法学院 2007 级本科生，现就职于北京市金杜律师事务所。

女主：高　芸，中国政法大学国际法学院 2007 级本科生，现就职于北京市西城区人民检察院。

2007 年，来自湖北的芸仔和来自东北的晨仔在法大校园相遇了。初见是在国际法学院 2007 级 5 班新生见面会上，他只记得一个穿粉色衣服的我；再见是在军训营里，我看见瘦了 20 多斤、晒得像黑炭一样的他。跟一见钟情没有丝毫关系，我们的爱情大概是细水长流。

相识十四年，相恋十二载，结婚六周年，爱情结晶萌娃一枚，在法大昌平校区、学院路校区共同度过了六年岁月，回首过往总有许多令人回味的片段。

春天的救助

2009 年 3 月 11 日，我们恋爱了，也是在那个春天，我们在致公楼后偶遇了花猫"小豹仔"，开启了跟她长达五年的缘分之旅。

那时候法大还没有官方的救助机构，都是同学们自费购买猫粮。我和晨仔用小纸盒装上猫粮，中午和晚上下课就会去致公楼背后的小花园，只要轻轻摇一摇盒子，小豹仔听见声音就会从灌木丛里飞奔出来吃食，蓬松的尾巴和毛茸茸的身子像一团毛球似的，晨仔则会耐心地给她梳毛。寒假后再开学时我们赶紧去小花园寻找她，重新见到小豹仔时发现她胖了许多，当时我俩也没有什么动物救助经验，直到后来在致公楼一层上课时，才发现窗户外多了一窝小奶猫——原来小豹仔生孩子了。我们一起跟几个更有救助经验的女生进入灌木丛最深处，把零散各处的小奶猫一一找出，可惜四只宝宝中已经夭折了一只，剩下三只仍然连眼睛都还睁不开。我们自作主张给它们仨起了名字：生姜、大蒜和洋葱。随后，我们商议在学校家属院给三个小家伙分别找了好心人家领养，之后又带着小豹仔去做了绝育，因为我们实在不想再让她经历失去孩子的痛苦。

就这样，我俩每天都会定期和小豹仔见面，一见就是五年，直到研究生二年级搬去学院路校区，此后我们便再也不知小豹仔的下落。那时还是学生的我们没有办法给她搭建一个可以遮风挡雨的家，这份遗憾一直压在我们心中，直到参加工作后，我们终于在北京有了家，搬进新家的第一天我们就领养了一只流浪猫，圆了心愿。

▲2010 年春，晨仔给怀孕的小豹仔梳毛

虽然她不是我们的"小豹仔"，但每次回到家看到她我都知道，身边的一切都在变化，而我身边的大男孩和我们情感最深处的温暖，始终没变。

夏天的备考

晨仔平时很内向，我一开始也觉得他"平淡无奇"，但大一期末考试时全班第一的成绩让我对他刮目相看，因为那时更外向一点的我正不知疲惫地长期穿梭于各大社团之间，以至于成绩一塌糊涂。

爱情有时会让人迷茫混沌，但好的爱情一定会带来阳光和方向。恋爱后，晨仔每天早晚都会准时到梅二宿舍楼下接我自习，因为我在一层，他略显急促的脚步声不仅成了我的起床铃，更成了我追寻梦想的加油声。

大四的暑假，我俩选择留校复习司法考试，从早上8：00一直备战到深夜23：30。当年全校只有环形阶梯教室有空调，所以常常一座难求，为了让我多睡一会儿，他每天早上不到6：00就会骑车去环形阶梯教室门口排队占座，抢到座位后再买好早点来接我。中午我俩会回宿舍午休，下午他再带着提前从军都服务楼买好的冷饮、水果给我加油鼓劲。

如今，两轮车变成了四轮车，我们也有了自己真正的家，可每每回想起那时，我还是会情不自禁感动到流泪。那年，我们都一次性通过了司法考试。

秋天的骑行

我原来并不会骑自行车，但是后来发生了一件事让我下定决心要学会自行车。

大二的秋天，同学们相约环十三陵水库骑行，来一趟"朝凤庵村深度游"，晨仔载着我沿着蜿蜒的山路骑行，在好几个上坡路我都能感觉到他非常吃力，但是他坚持不让我下车步行。秋天的水库风景很美，气候也凉爽宜人，晨仔累得出了一身汗，但没有丝毫抱怨，安静地和我一起把风景刻成记忆。直到回到学校后我才发现他的脚背因为蹬自行车太用力被磨破皮，愧疚感、心疼一下子翻涌上来。我下定决心，必须学会自行车。后来我向室友借了一辆自行车，每天下午瞒着晨仔，在宪法大道上来来回回练车，摔倒了就爬起来继续，烦躁了就想想爬坡路上的晨仔，终于，用了几周，我学会了骑自行车。

是啊，爱情就是这样。因为爱你，他会为你付出所有，即使自己受伤也会微笑坚持。但爱情更需要这样：因为爱你，所以我要拼尽全力，与你一同奔跑、骑行，面对生活中的苦难。

冬天的冰道

本科那几年，几乎年年冬天都会下大雪，有一年的雪，尤其令我印

▲2017年法大65周年校庆回昌平校区看看母校

象深刻。那年的雪比以往来得更早，11月就耐不住寂寞压了下来，甚至把军都服务楼旁的老树压得连根拔起，国防生们穿梭在校园各处扫雪的身影也成了那年最独特的风景。

由于积雪很厚，从教室到宿舍的路上已经有了一条被大家踩实变硬的冰道，又滑又宽，几乎"十人九摔"。每次晚自习后，他都会紧紧握住我的手，夹着我的胳膊，生怕我滑倒，偶尔脚底打滑，还没等我回过神，他反倒先吓出一身汗。但常在冰上走，哪有不摔跤。一次，他送我到宿舍门口，为了赶着给我推开宿舍门，他一下滑倒，直接单膝跪在楼门口，引得路人驻足大笑。

四季与他一直都在。毕业五周年时，我们回了一趟昌平母校，重游了十三陵水库、蜀园、麦当劳胡同……在那些充满回忆的地方重温了岁月，重温了四季的故事。"四年四度军都春，一生一世法大人"好像融入血液一般深刻，我俩很幸运将一段校园爱情坚持到现在，我经常跟晨仔开玩笑说："我十几岁就跟你在一起，现在都奔四了。"他也反呛我：

"19 岁也算十几岁，32 就是奔四了？"

2021 年是我们毕业十周年，再回法大时，看到学校变得越来越好，宿舍也全都翻新安装了空调，真心为师弟师妹们感到幸运。还好，我们"80 后"把"苦"都吃完了，希望现在的"00 后"能珍惜这无穷无尽的"甜"。我们已约好，毕业十五周年时还要带着已经懂事的孩子再回法大，带他看看爸爸妈妈爱情起源的地方，看看那个四季依旧的法大。

没有山盟海誓　只有地久天长

郭　璇

> 男主：王金文，中国政法大学人文学院 2008 级本科生，现就职于广东省中山市巡察工作领导小组办公室。
>
> 女主：郭　璇，中国政法大学人文学院 2007 级本科生，现就职于广东省中山市石岐街道办事处。

岁月不居，时节如流。当收到同学发来的《校庆 70 周年文化丛书〈法大爱情〉征稿启事》时，我犹豫了。到底要不要投稿？我和他没有惊天动地的爱情故事，都是那么自然地相识、相知、相恋、相守，其实不值一提。但如果投稿，真能有幸作为法大 70 周年校庆文化丛书里的内容，那必定是我俩最值得的纪念。好吧，我就提起笔，好好梳理下我们的故事。

初次相遇

2008 年的暑假，我有幸成为北京奥运会和残奥会的赛会志愿者，整整一个暑假都在北京待着。按照法大的惯例，作为上一届的直系师姐，迎新那是规定环节。他作为 2008 级新生，8 月 29 日就在姐姐、姐夫的陪同下提前来到了学校。因为 9 月 1 日才开始正式迎新，所以只能由我这个留校师姐先招呼着。他的姐姐、姐夫想在北京玩几天，哈！这我最拿手。平时周末我没少到城里逛，一下子就给他们设计好了游玩路线。

他后来告诉我，当时见到我的第一反应就是：呀！法大的师姐怎么那么漂亮！而且他的姐姐、姐夫对热情的我印象也特别好。

我们互留了电话，说"以后有啥事随时联系"，但因为各自忙于学习和社团，之后我们就很少联系，见面了也只是寒暄几句。过了一段时间，我准备换手机，觉得通讯录电话存得太多，在清理时认为应该和这个师弟没什么交集了，就把他的电话号码删了。

国庆方阵训练

2009 年暑假前收到学校通知，国庆 60 周年法大将与政法系统代表组成"依法治国"方阵走过天安门，希望各位学生党员积极参加。因为我在山东大学交流学习半年，很想回校参加活动，作为预备党员也应该要参加，所以主动报名了国庆方阵。而他作为预备党员，也报名参加了。

按照队列，我们分在同一个小组，还是前后排，他站在我的斜后方。整个暑假在校训练既辛苦又单调，每天除了"一二一"就是《祝酒歌》的循环播放。所以放假时我们常以小组形式一起出去玩，去过十三陵水库踩单车，去过北京之巅——灵山，去过明代古村爨底下，也去过香山等地。虽然是小组行动，但是因为他是来自福建的客家人，喜欢看 TVB，爱听粤语歌，也喜欢谢霆锋、陈奕迅和张国荣，他父亲和大哥也在深圳工作，而我作为广东人，便和他这个喜欢广东文化的人有很多共同话题。

因为方阵训练涉及国家秘密，而且要走过天安门接受国家领导人的检阅，所以训练特别严格，有时会去军用机场排练，有时会去长安街实地彩排，经常是凌晨一两点集结出发，凌晨五六点才回校休息。

记得有一次，训练了整整一个晚上，直至早上 6 点才回校。在回程时，全车的同学都休息了，只有我们两个还在兴致勃勃地聊粤菜，很兴奋。就在那天，他主动加了我 QQ，我也重新存了他的电话号码。我们约好两天后的休息日和组员们一起去昌平北部的银山塔林游玩。

休息日当天，本来约好一同出行的四五个同学都纷纷临时有事不能参加，只剩我们两个人，心想既然东西都收好了，那就一同前往吧。那里有小瀑布，还有很多上坡路，地上也湿滑，他就拉着我的手走了一段山路。到平路后，我自然放开他的手，但是他却紧紧抓着我的手不放开。于是，我们就牵着手走完了整个银山塔林，还牵着手拍了个合影纪念。当天，我们就正式在一起了。

说来也巧，他说在我们去银山塔林的前一个晚上，他做梦梦到了一条大蛇。而在他拉起我的手后，也看到了一条蛇，也许这是命中注定。

回来后，我戏谑地问他："我们这样就算在一起啦？你都没有向我表白！"其实，我只是随口一说，我也不是那种注重形式的人。但当晚他一夜没睡着，凌晨五点就起来，在学校周边逛了一天，选了一束玫瑰花。第二天晚上，我们相约一起去听马皑教授的讲座，结束以后我想立刻回宿舍却被他拉住了。他从书包里拿出了那束准备好的玫瑰花，里面夹了一张手写的纸条："悟以往之不谏，知来者之犹可追。"

我们在一起后，大家都问他是怎么追到我的。在老师和同学眼中，我是学霸，校级一等奖学金、宝钢奖学金、国家奖学金等都统统被我收入囊中。而他平时低调话少，又是师弟，能和这样优秀的师姐在一起令人不可思议。但缘分就是这样，说来就来，没有谁追谁，很自然，我们就在一起了，而且牵手后就不再放手。

后来，我把他送给我的第一束玫瑰花挂在宿舍的暖气片上，做成了一束干花。他也曾送给我银手链和银镯子。他说："现在我只是学生，没有很多钱，等我有钱了，再给你送金的！送你喜欢的！"他默默地把我发给他的短信都输入了电脑，把之前我们的 QQ 聊天记录和曾经用来发短信的手机当宝贝存放好，他说那是我们最好的回忆。

在一起的美丽时光

我是一个闲不住的人，读书时一有假期就喜欢到处跑。我们在一起后，去过承德、上海、杭州、福建、湖南等地。即使在北京也坐不住，除了京城各大名胜古迹，我们还去过犄角旮旯、古村落；走遍北京大小教堂、批发市场、各大商超；曾为了晚上吃披萨自助不亏本，白天只吃一个鸡蛋，做到"扶着墙进，扶着墙出"；也曾用过蹩脚英语，在北大红楼给国际友人指路；世博会时为了多看几个国家的展馆，一路狂奔去盖各种纪念戳……在一起后，我们经历了北京几十年一遇的大雪，也经历了祖国60周年华诞！我喜欢拍照，他喜欢给我拍照，所以我们有很多照片。

感谢法大，因为法大是我们相识、相知、相恋的地方。我们年龄相同，但我比他大一届。2011年毕业离校时，他依依不舍地把我送去机场。假如没有他为了我而来到广东中山的付出，我们根本不可能走到今天。我更多的时候是一个获益者。我当时能做的，只是在他毕业时去了一趟北京，给他更多一点走下去的信心。

▲2010年1月3日，北京迎来五十年一遇的大雪，拓荒牛前合影

我是幸福的，有这样的一个人默默地为我付出。2010年暑假我备考司法考试时，他为了陪我复习，两个月的暑假只回家几天。他回家后我哭了。他说，"早知道这样就不回去了"。他为了让我顺利通过司法考试，每天陪我坐近3个小时的车到石景山区上培训班。在我准备公务员考试面试的时候，他为了让我有更好的表现，每天语音陪我练习到黑夜，直至完成当天的学习内容才休息。

2014年9月，我们相恋6年后组建了家庭。现在我们都有了自己理想而稳定的工作，房子有了，车子有了，而且已经是两个孩子的父母。回想起来，我们一起走过的12年，实在有太多事情值得回忆，有太多东西值得珍惜。我喜欢吃，他陪我；我喜欢笑，他哄我。

2019年国庆期间，为了庆祝我们相爱10年，我们带着父母孩子回了北京，回了母校，不仅在西长安街看到了阅兵散结的国庆方阵队伍，看到了震惊国内外的"东风-41"，还带着孩子重走了我们的校园路。

转眼间，母校即将迎来70周年华诞。这里是法大学子梦想启航的地方，更是我们爱意萌生和延续的地方。

希望我们的爱情，保持最初的模样，永远，永远……

▲2019年10月5日，相爱10周年之际，重回母校合影

十二年

——军都山到小月河

孙天瞳

❧

男主：孙天瞳，中国政法大学国际法学院 2009 级本科生，现就职于北京市汉坤律师事务所。

女主：吴　越，中国政法大学国际法学院 2009 级本科生，现就职于北京市国家税务局第四税务分局。

2009 年秋——谋划

也许这是天意。

《法理学导论》的课堂上第一次看到你，淡黄的长发，整齐的刘海，加上一张迷幻的脸庞，让我一眼入迷，并陷入了每天都想见到你的离奇幻想之中。

你在前排摆弄着夏普翻盖手机，我在后排举着诺基亚 5320 偷拍。没过多久你也换了诺基亚。后来，我说，你换手机是想和我有更多共同点吧。你说，夏普被可恶的小偷偷走了。但我的想法却更加阴险——偷走你的心。

2009 年冬——行动

总得找个机会。

雪下得很大，班里组织打雪仗。你一个人站在拓荒牛前的雪地上，当着看客，与热闹的氛围格格不入。我以躲避攻击的名义藏在牛后，目不转睛。在此起彼伏的呼喊声中，只能听到扑通扑通的心跳。

很快，太阳出来了，雪开始融化，雪仗要结束了。我想冲出去抱住你，但拓荒牛提醒我这是在法大。攒一个雪球，箭步冲出，在你迈出转身离开的第一步时，准确地投放到了你没戴围巾的脖颈里。

谁干的！是我，一个班的。

2010 年元旦——得逞

我脸皮薄，但仅限于现实世界。

人人和飞信是高效的聊天工具，可惜随着一代人的老去退出了历史舞台。计算机课上，我可以在你的一条状态下回复一百多条，以至于被家长发现被指责"不务正业"；晚上熄灯后，我可以对你飞信轰炸直到手指酸痛、眼皮打架。如果两分钟没收到你的回复，我就可以和你一同进入梦乡了。

跨年夜，神秘兮兮地把你从游园会拉到竹一花园。刺骨的寒风中，我哆嗦着说，一起跨年吧。你跺着脚说，好吧。亢山广场的礼花升空刹那，我从背包里掏出一枝玫瑰，以及一支法棍，说，和我在一起吧。你没说话，接过了玫瑰，法棍留给我当了夜宵。

2010~2013 年——军都山下

所谓伴生，应该就是这样吧。

我们都喜欢安静，二食堂二楼成了最常去的地方。油水不够，就去北门撒拉人家要一碗烤肉炒饭，加两勺辣椒；没有食欲，就去人之初拉面点一份西红柿鸡蛋面，配上凉菜；晚上饿了，菊园的肉夹馍和鸡蛋灌饼可以让你忘掉一天的疲惫；想吃大餐，美廉美楼上 45 元一位的好伦哥就是饕餮盛宴。

玉兰花开的时候，你总是拉着我在"婚姻法后花园"一走就是半天；蝉鸣入耳的时候，你为了蹭空调成天躲在图书馆。为了看你喜欢的电影，我们坐一个半小时公交车跑到回龙观县城；为了我的一时兴起，你带着磨破的脚后跟陪我翻过几个山头直到十三陵水库映入眼帘。

菊园之外，竹一宿舍成了我的第二故乡。虽然距离不远，但我还是买了一辆自行车，这样就可以每天提前五分钟见到你。有时在竹一宿舍门口一站就是半小时，但并不寂寞，总有兄弟一起等候着他们的恋人。只不过每隔一段时间，总会有新的面孔出现，也会有熟悉的面孔消失。幸运的是，四年，我都在，风雨无阻。

在临建和文渊阁，我们度过了一个又一个不想起床的早晨、睡眼惺忪的午后以及困顿不堪的夜晚。日子一天天过去，我们并肩战斗，成功通过了司法考试，并同时考取了法大研究生。

▲婚姻法后花园

本着多吃几次好伦哥的愿景，我也试着找工作，歪打正着地考上了外地检察院。对于深受"官本位"影响的山东人，这个机会实难轻言放弃，但不放弃就意味着要和你分隔两地。打了无数个电话，整夜辗转难眠。最后问到你，你只有一句话：不管你如何选择，我都支持你。那我也只有一个选择：和你在一起。

2013~2016年——小月河畔

我们的伴生轨迹，南移了35公里。

研院比昌平校区更小，两个宿舍的直线距离不足100米，自行车已无用武之地。食堂更是选择困难症的福音，不用再纠结去几食堂几楼。因为专业不同，不能一起上课，也不需要一起自习。

但我们的二人世界更大：我开始喜欢电影，喜欢逛街，喜欢美食，电影院、商场、饭店成了比教室更常去的地方，从后海闭着眼都能走到南锣鼓巷。晚上你总拉着我去土城公园溜达，虽然小月河的水不清，但遛狗的人总是很多。

你说，等我们有了家，想养一只猫。我说，我考虑一下，但除了猫，你还想养什么？你说，可以再养一只狗。我说，除了猫和狗呢？你说，你不是还有两只乌龟嘛。

我提前一年毕业，要安家了。你说，毕业之后想常回学校看看。我说，昌平太远了。你说，研院也可以。于是我们住在了离蓟门桥不到两公里的地方。

晚饭后出门逛逛，鬼使神差地走到校门口。你说，进去看看吧？我说，有什么可看的？你说，都走到这了。我说，那走吧。于是，研院成了遛弯必经之地。

每年春天，我们都会去一趟昌平。在麦当劳胡同，午饭吃什么总是难以抉择，每家店都有美好的回忆。感叹完昌平的物价后，顺道买一杯奶茶，还没喝完就到北门了。小心翼翼地走过每一条道路，生怕一不小心就错过任何一个记忆碎片。你说，咱们装作是在校生吧。我说，咱们不用装。师弟师妹们好像也没有对我们另眼相看，看来我们还不那么显老。

2017 年秋——转正

都说"七年之痒"。

你说，没感觉到哪里痒，但既然大家都这么说，咱们应该先做点什么把"痒"扼杀在摇篮里。我懂了。

你说过很多次，婚礼是女生一辈子最重要的仪式。我不想留下遗憾。千挑万选，买到一件我们两人都满意的婚纱。运气不错，找到一个依山傍水的露天场地。

风很大，你的头纱和裙摆被高高吹起。我望着你，就像八年前藏在拓荒牛后那样，连心跳都是相同频率。只是当年的雪花变成了洁白的婚纱，还是那么耀眼，还是那么让我魂牵梦绕。

▲婚礼

你还是说服了我，我们养了猫。馒头黏人、话痨、嘴馋、淘气。你说，馒头随谁？我说，随你。你说，为什么不随你？我说，咱们的孩子肯定随我。你说，今晚吃什么？

2021 年春——结晶

我终于说服你一次，一生中最重要的一次。

你说想要女孩，因为如果是男孩，你的漂亮衣服就无人承继了。我说想要男孩，因为如果是女孩，我一身的运动细胞就白白浪费了。

你说你有预感，是男娃，因为你在同事朋友生产时的预感都是对的。我说，如果是男娃，我们爷俩加馒头，男女比例三比一，在法大享受了七年的男女失衡可以终结了。

"五四"青年节，毫无征兆地，汐汐坐着火箭来了。我是个嗜睡的人，三十年中唯一一次通宵是大二军训返校后和你去 KTV 唱歌。但这一夜，我却无比清醒。你没流一滴泪，只是紧紧抓住我的手。在听到响亮的啼哭后，我才发现你眼眶里的晶莹。

▲结晶

这一次，你的预感错了。我们有了一个可爱的女儿，馒头有了一个漂亮的妹妹。家人对她长得像谁始终没有定论。你说像我，因为额头、眉毛、耳朵和我一模一样。我说现在还小，女大十八变。

其实，在产房里见到她第一眼，我就发现，她的脸和十二年前端升楼教室里那个看着夏普手机的女孩一样，也是迷幻的。你说，等汐汐能出门了，咱们带她去哪玩？我说，等明年春天，带她去看玉兰花吧。

夏天的每一个梦

张建银

男主：张建银，中国政法大学国际法学院 2009 级本科生，现就职于北京市东方律师事务所。

女主：曹夏梦，中国政法大学商学院 2010 级本科生，现就职于北京市君合律师事务所。

第一个夏天： 相识

2014 年夏天，我已从学校毕业一年有余，除了曾经社团的送大四聚餐，已很少去学校参加活动。碰巧有师兄组织小型聚会，当时得空便积极参加，而她也刚好参加了这次活动。故事正是从这时候开始。

因为要去灵山坐公共交通不是很方便，师兄和我商议不如租辆车，我从昌平出发，到市里集合地点接到大家后师兄继续开，这样方便很多可以节约时间。当时虽然驾照已拿多年，但有机会开车的时候并不多，水平实在不敢恭维。好在胆子够大，租好车第二天就早早出发了。

首先是到市里接她，一路平稳倒也没什么问题。到楼下后看她下来，正欲启动出发，不知为何车却不往前走，偏往后退了，赶紧熄火重新启动，结果还是往后退，看她马上就要过来，真是愈发着急冒汗。就在她走到车旁时，才发现问题所在，原来这辆车一挡和倒挡是同一个方向，只是按压力度不同，发现问题后赶紧正常挂挡，车总算是往前走了，这时候车尾离护栏不过数厘米的空间了，真是好险。她上车后我还在紧张慌乱之中，互相问了姓名打了招呼后便又全神开车，生怕再出什么问题。车是什么车已经完全不记得了，只是她的名字第一次听就很难让人忘怀：夏梦。无论是灵山上她厉害的马术（竞速时我只能"屈居"第二），还是她动人的面容，都和这个名字一起深深刻在了我的脑海中。多年后才知道，她一直以为我是为了方便让她上车才把车停在那么危险的位置上，才有了不错的初印象，也算是因祸得福了。

▲ 初见

第二个夏天：相恋

她在大学还有最后一年，我工作的地方又离学校不远，客观条件为我追求她提供了很多便利。法大一向传言"防火防盗防师兄"，没想到我作为毕业的师兄也没有跳出这个轮回。虽然我不在学校，但也是和校园情侣一样，晚上有空陪着她一起自习，周末进城逛吃游玩，经过我不懈努力地追求，2015年初夏，她答应了我的表白，我们开始以男女朋友关系相处，美丽的校园里处处留下了我们的足迹。都说大学时期的爱情是一场无疾而终的狂欢，因为对于很多校园情侣来说，毕业会带来太多的分离和变数，她也面临着毕业的压力。虽然当时我已工作多年，但也没有被客观的未知所吓到，心想等她毕业就可以在一起生活。

▲毕业

因此她毕业后选择出国留学，我也是全心全意支持，刚在一起不久就开始了艰苦但甜蜜的异地恋生活。怕她学习压力大就在休闲时一起打游戏，怕她吃不好就通过跨国包裹寄吃的，怕她想家就经常去家里关注她父母的情况。时差、距离没有击败我们，反而让我们更加坚定。终于在经历了近一年的视频恋爱以后，我去大洋彼岸的学校把她接了回来。

第三个夏天：相许

数年的相处，两个人心更近了，2017 年夏天，我们决定结婚，以全新的身份开始生活。一路走来，多是甜蜜，或有争执，但对于婚纱照的拍摄，我们都认为一定要在学校拍一组才算完美。听说拍婚纱照重点在新娘，男方多为"工具"，我早早做好了心理建设，但在学校拍摄从一开始，我就觉得这句话并不准确，这是一个双方参与的过程，是勾起我们点滴记忆的过程，无论是法渊阁前，还是拓荒牛下，抑或"婚姻法后花园"，每个地方都有我们共同经历的点点滴滴，拍摄过程并不枯燥漫长，反而想留住那一个个美好的瞬间。即使最终所有照片拍完已是午夜，兴奋感也胜过了疲惫，毕竟这是新生活的开始。

▲ 婚纱照

虽然当时条件所限，只能租房生活，她也把房子收拾得干干净净，买来花草装饰，让生活温馨而甜蜜。两只猫是我们生活最好的伴侣，和大部分的北漂青年一样，日子就在不富裕但充实的生活细节中慢慢展开。

第四个夏天：相守

2021 年夏天，相识已近七年，结婚也四年有余，两个人已经变成了一家六口：她和我，三只猫和快周岁的宝宝，平凡而美好的生活是对爱情最好的延续。法大在我们身上留下了深深的烙印：她一直从事律师工作，我也在不同的法律战线上转换身份，始终牢记"凡我在处，便是法大"的信条，无论身在哪里，都用自己的实际行动践行着"四年四度军都春，一生一世法大人"的承诺！

相守并不是法大爱情故事的结束，而是延续，我们的生活从法大开始，一定会经历更多美好的夏天。

曲佳乐的法大爱情

曲宏剑

男主：曲宏剑，中国政法大学刑事司法学院 2009 级本科生，现就职于武警抚顺支队。

女主：温佳乐，中国政法大学刑事司法学院 2009 级本科生，现就职于抚顺市顺城区人民法院。

前一阵子，留在法大工作的老乡晓瑜向我约稿，问我有没有兴趣聊聊我的法大爱情，以此也算向母校 70 周年校庆致敬。工作以后能够安静坐下来认真回忆法大点滴的时候并不多，因此收到这项任务后，用"小压力，小激动，小兴奋"可以概括我的真实感受，我也向晓瑜允诺一定认真写作业，按时上交。可事实是，在全党全军全国各族人民以各种形式喜迎建党百年的这段繁忙时期，作为政治工作者的我，真正坐下来提笔时，距离收到任务已将近一个月了，再这么耗下去，就又要拿出寒暑假结束前抄作业的看家本领了，不行不行，这样不好。

一、萌芽

（一）2009 年的我们

思绪一下子就回到了高考那年，就读于本溪高中的我不可谓压力不大，还记得高三那年课间休息的十分钟，很多同学连去厕所的时间都舍不得挤出来。而据她所说，她所在的呼市二中各种社团活动丰富无比，高三也过得很欢脱。2009 年 9 月，我们都进入了府学路 27 号的大门，更准确地说，我还比她早到了半个多月，因为法大国防生从 8 月 17 日就开始军训。我还记得，9 月 6 日她们报到时，已经基本熟悉了法大校园的我们还在迎新队伍里冒充大二师兄！就这样，2009 年，在北京最美的季节里，我住进了兰 1417，她住进了梅 3406，虽然那时我们并不相识。

（二）相识

据她说，她是迎新晚会时认识我的，当时我唱了一首醉人的《为什么相爱的人不能在一起》，令她印象深刻！忘了当时为什么要唱这首歌，只记得迎新晚会的主题叫"那时花开"，那也是她加入学生会文艺部后与小伙伴们一起，在几位师兄师姐的带领下办的第一次大型晚会，后来她说第一次去试唱时就对我有印象了。真正的结识是因为我参加了法大礼仪风采大赛，决赛设在礼堂，铁哥们儿 Y 君把梅 3406 宿舍拉去当亲友团，比赛结束后我和 Y 君请她们吃饭以示感

▲校园婚纱照

谢，因此正式相识。至于 Y 君为什么能把梅 3406 拉去给我当亲友团，他又与梅 3406 有着怎样千丝万缕的联系，那就是另一段凄美婉转的小故事了，此处不作详解。

（三）轮滑的缘分

认识后和她并未产生联系，缘分的真正到来，轮滑起到了关键作用。记得那时正值 2010 年法大校庆期间，在体育场外同样穿着轮滑鞋的我和她不期而遇，原来我俩都加入了轮滑社，只是之前没遇到过，当

时就产生了一种"有缘"的感觉，起码在我这里是这样的，也是从这里开始，我想多了解她一些。接下来的一个多月，正值大一下学期的期末考试月，我单独约她轮滑刷街，骑着我的"小白一代"载她到十三陵水库兜风，顺便在下山回来的路上去吃南大街的老家肉饼，小伙伴们组团在"游走咖啡"刷夜备考民法时带她出去吃夜宵小烧烤，在一种心照不宣的感觉下，两颗心逐渐靠近。

（四）那个暑假

大一下学期的最后一门考试结束后，迎来了暑假。她去了八达岭长城脚下补军训，因为刚入学时赶上新中国成立 60 周年，法大的依法治国方阵每天在操场上紧张排练，应该是无暇顾及新生的军训，所以2009 级军训是在大一期末的暑假才补上的，暑假开端我们国防生也先去了解放军防化学院集训一个月然后才放假回家。整个集训期间，我们没有联系。后来暑假时，她给我发了两次短信，我只装作没有收到，并未回复。现在回想起来觉得当时的自己也很可笑，虽然经常会想念她，但又觉得她身高有点高而自己不够高，担心不够般配，甚至还因此向老妈要钱买了 1700 块钱的增高药，虽然买完后也没怎么坚持服用，不知道是否是药的效果，暑假结束后还真的长高了 2 厘米。

▲校园婚纱照

▲校园婚纱照

二、最美

（一）尴尬的偶遇

暑假结束回法大的路上，刚坐了一夜的火车，手里托着行李箱、没洗脸没刷牙的我在积水潭地铁站通道里偶遇了进城溜达的梅3406三位同学，其中就有她，在我失联了一个暑假之后，以这样一种方式不期而遇，内心十分尴尬，因此仅仅象征性地打了个招呼，就匆匆告别了。

（二）2010级学生会迎新

开学后没几天就是学生会迎新，作为外联部长的我和文艺部长的她那两天始终都处在同一顶帐篷下，随着接触的增多，我觉得不应该再压抑自己，因为我真的喜欢上她了。

（三）"安达咖啡"，浪漫的一小步

法大对面的石油大学里有一间"安达咖啡"，我忘了是从哪里听说她在那间咖啡厅做兼职服务生，那一瞬间脑子里就冒出来一个想法——我要去找她！"我要两杯咖啡"，那天傍晚一进店门我就看到她在吧台后边正在工作，突然看到我，她俨然愣了一下，"一杯给你，一杯我喝，我来接你下班的"，我说道。晃过神儿来的她给我倒了一杯咖啡，我坐

在靠窗的座位上摆弄手机，时不时看看她，我能看出来她的开心。那天下班，我骑着"小白一代"载着她去东关吃肯德基，那天算是我对她的表白，而她用行动接受了。

（四）《山楂树之恋》

在那之后没多久，电影《山楂树之恋》上映了，我约她进城去了星美国际影城，这也是我和她一起看的第一部电影。在二楼的冰淇淋店等待观影时，我对她说："以后你就是我的女朋友了！"她一愣，随后开心地笑着对我说："同意！"（开心状）

三、后来

（一）凤凰花开的路口

正如每一届毕业生看到属于自己的《肆年》毕业微电影时才真正感受到青春年华的易逝，一起牵手走过三年宪法大道的时光眼看着就要到了尽头。回首这一路，我和她也像其他校园情侣一样，一起去了很多地方旅行，一起品尝了许多美味，一起到鸟巢当滚石 30 周年演唱会的志愿者，一起看了很多的电影和话剧，一起上自习，一起通过司法考试，一起做了许多很有意义的事，有很多的欢笑，也会有泪水，偶尔也会赌气生气，但彼此信赖、深感幸运而又幸福的感觉未曾改变。我和她，不想分开；我和她，想要一直在一起。

（二）"大五"与军校

国防生毕业分配，我被分回了家乡辽宁，为了等待我的最终去向，她在大四窗口期放弃了国考、京考等许多机会。就这样，我们正式开始了为期一年的异地恋，我在沈阳上军校，她留在法大备战考研和公务员考试。这一年，从未分开过的我和她，真正体会到了什么是思念；这一年，微信、通话和视频比以往多了许多，委屈和无奈也比每天在一起时多了不少；这一年，她租住在法大北门家属院，每天过着出租屋、食堂、自习室三点一线的"大五"生活，很辛苦；但这一年，我们的努力未曾止步，始终朝着同一个方向。

（三）抚顺爱情

2014 年 6 月，我从军校毕业回到抚顺参加工作；7 月，她通过自己的努力如愿来到抚顺成为一名基层法院书记员；2015 年 3 月 31 日，我们成为合法夫妻；2017 年 7 月 9 日，很多法大校友都来到抚顺的婚礼现场见证了我们的幸福，那一天，法大公众号的一篇《从校服到婚纱》也为我和她送上了来自法大的专属祝福。

作业写到最后，我想引用《法大爱情》征稿启事里我很喜欢的一段话：岁月不居，时节如流，中国政法大学即将迎来 70 周年华诞。这里是法大学子梦想启航的地方，也是爱情萌生和延续的地方。这里有"经国纬政，法泽天下"，也有"今夜我不关心人类，我只想你"。葱葱校园中的一场相遇，年少青春时的一点心动，悠长岁月里的一段往事，漫漫长路上的一次相伴，哪个瞬间让你永生铭记？

在法大，有没有一个人，让你一想起就觉得一切都美好得不可思议？

在法大，你是否拥有一份独家爱情记忆？

我的答案，已经揭晓，即将成为爸爸妈妈的我们，很幸运，很幸福。

四年四度军都春，一生一世法大人！祝母校 70 周岁生日快乐！祝所有法大人阖家安康！

爱，从军都山下到西子湖畔

崔 玥

男主：金志杰，中国政法大学民商经济法学院 2011 级本科生，现就职于浙江东鹰律师事务所。

女主：崔 玥，中国政法大学国际经济法学院 2011 级本科生，现就职于浙江楷立律师事务所。

"我们终于走到了这一天。"

"我要感谢法大让我们相识。"

"从今往后，怀抱给你，跋涉给你，等待给你，家给你，而我只要你。"

这是他们在婚礼上的致辞。

2018 年，从法大毕业后的第三年，从学士服到婚纱，从军都山下到西子湖畔，他们终于结为夫妻。

杰队，是大学时期大家对男孩的称呼，2012 年至 2013 年法大校队和民商院队的双料男足队长，绿茵场是他的"根据地"，训练、比赛是他课余生活的全部，对他而言，足球可能才是"真心爱人"。而距离操场最远的学活，是女孩的经常活动地，排练、开会、支教、活动，似乎除了体育课，他们根本没有认识和交集的可能性。可是，缘分就是这么奇妙的东西，不是吗？在平行生活两年之后的大学三年级，在第 19 期劳动法诊所第一次见面会上，来自青海和浙江一南一北的两人，就这样相遇了。

你相信，一见钟情吗？

曾几何时，女孩以为一见钟情只存在于爱情小说当中，直到那天走进端304的教室，在杰队回头的那个瞬间，女孩好像突然懂了"未曾相逢先一笑，初会便已许平生"所形容的感觉，之后问起杰队，他说："在回头看到你的一瞬间，好像整间教室都空了。"

▲课堂的我们

随后的日子里，他们一起在劳动法诊所值班，一起准备实践活动，在交谈中，杰队知道女孩居然是球迷，有了共同爱好的两个人，从国家队聊到俱乐部，从球员到教练，慢慢地，那个此前鲜少去过的操场竟然成为她每天打卡的地方。

在劳动法诊所快要结束的时候，杰队在他最重要的队友们的见证下向女孩表白，时隔多年，当两人再次回到端304那间教室拍婚纱照的时候，彼此眼里的对方，却还是当年令人心动的模样。

你见过，我最遗憾的模样

作为队长，冠军是杰队的执念，这份执念在那年北京高校男足联赛上化为一次次进攻，他是多么想以冠军的名义和他最看重的队友们一起庆祝。然而，生活总是会有遗憾，半决赛受伤的他，决赛中只能作壁上观，足球解说员贺炜说："足球就是如此，一方的欢喜衬托着另一方的忧伤。人类的极端情感，在这一刻得到充分的体现和释放。"只是这一次，忧伤的那一方是自己，经过苦战依然遗憾落败，不能与队友并肩作战的杰队依次与队友拥抱，安慰着大家，却在散场之后独自默默落泪，那是女孩第一次看见他落泪，为热爱的运动，为挚爱的情谊，为未能将冠军带回法大的遗憾。

和许许多多的校园情侣一样，除上课女孩多占一个座位以及进球后杰队的庆祝动作改为给场边的女孩比心外，恋爱后的生活并没有太多的改变。没有太多自由闲暇的时间，大三的他们被司考、考研、毕业论文安排得满满当当，一起自习是约会的常态，备战司考的那个夏天，除考试内容外，两个人之间其他的交流也少了很多，现实问题一个一个摆在他们面前。

"我怕我没有机会，和你说一声再见……"随着毕业清单上的事项一件一件尘埃落定，2011级也走到了成为2015届的毕业路口。在这个岔路口，毕业即分手的魔咒每年都会有，在知道身边好友分手的消息之后，女孩问杰队："下一对，会是我们吗？"没有随即的答复，但在各自班级告别宴结束后的那一晚，杰队在学校门口说："跟我走，好不好？"

女孩没有回答，只是毅然登上列车，来到举目无亲的另一个陌生城市。在杭州，他们也认识了很多像他们一样因法大结缘的师兄师姐，法大校友让女孩在陌生的城市有了归属感，天南海北，法大人永远是家人。

走，我们去法大拍婚纱照吧！

在法大 66 周岁生日的时候，他们回到法大，毕业时的学士服换成了洁白的婚纱，新粉刷的教学楼，毕业后安装的新空调，法大似乎变了，而自习室安静的氛围不变，足球场训练的身影依旧，法大似乎又没有变。

他们穿着西装婚纱走过"宪法大道"，走过"婚姻法后花园"，走过杰队热爱的操场，遇见毕业十周年的师兄师姐回校，那些烙印着青春印记的画面如同老电影一般闪回，曾经懵懂的感情，如今隽永的誓言，法大见证了他们感情的开花结果。

▲校园婚纱照

2019 年，两人的孩子出生，取名"明律"，取"清明做人，严于律己"之意，也纪念他的父母结缘于中国政法大学，且同时是法律职业工作者。也许在未来，小明律也会像爸爸妈妈当年一样，高举右拳，大声宣誓："我自愿献身政法事业，热爱祖国，忠于人民，严于律己，尊师守纪，勤奋学习，求实创新，团结互助，全面发展，挥法律之利剑，持

▲校园婚纱照

正义之天平，除人间之邪恶，守政法之圣洁，积人文之底蕴，昌法治之
文明，为社会主义建设和人类的进步事业奋斗终身！"

风情月意

今夜我不关心人类，我只想你。

——摘自海子《日记》

那年遇见她

张海军*

那年我见到了她，二十年的等待仿佛在那一刻得到了回报。

那是一个偶然事件，如果按照我自己的大学生活安排，这个情节本不在考虑之内，怎么想也该是毕业以后才会发生的事情。

一

在班里我就爱跟人辩论，大三那年系里搞辩论赛我自然就成了班里的主辩手。那天是决赛，题目是关于新权威主义的一个问题，这正是我平时关注较多的内容，于是我一个人几乎包揽了我们班代表队大半的发言。辩论赛中我们班代表队输了，但是最佳辩手却给了我，团体输了很沮丧，欣慰的是个人收获了最佳辩手奖。

颁完奖是自由辩论时间，观众可以自由向辩手提问，我自己还沉浸在刚才的比赛当中，并没注意观众席上的反应，谁知道第一个问题就提给了我。观众席上站起来一个很漂亮的女生，乌黑的长发、脸有些圆，肤色略显黑，穿一身红色的连衣裙，拿过话筒问向我："最佳辩手，你不觉得你说的新权威是一种过时的说法吗？"

我一愣，站起来怔怔地看着她说到："你看过新权威的书籍吗？新就是指有所创新，是对新时代的适应。"后来她又问了几个问题，我却已经走神了，回答得很没有针对性，于是女生很不尽兴地放下话筒，好像对回答很不满意，觉得我这个最佳辩手也不过如此而已。

---

* 本文作者张海军，中国政法大学政治系 1988 级本科生。

回宿舍的路上班里的同学开玩笑说："你小子艳福不浅啊，'黑牡丹'能给你提问。"

"谁是'黑牡丹'啊？"

"就那个穿红裙子的女孩啊，人家可是八九级的'黑牡丹'呢。"

哦，原来这样啊。

二

辩论赛结束了，大家又恢复了忙碌的学习。又是一个周末的晚上，忙碌了一周的大学生们迎来了最开心的夜晚，同宿舍的同学们进城的进城，访友的访友，我还是一人在宿舍看书。过了一会儿，我们屋的老二（外号叫"才子"）回来了，说要在宿舍给女朋友过生日，我说那我就回避一下吧，才子想了一下对我说："要不你就一起参加吧，她们宿舍几个女孩都要过来的。"想了一下确实也没有好的去处，就答应了。

不一会儿，才子女朋友宿舍的六个女孩来了，我一眼就看到了那位"黑牡丹"。才子精心为女友准备了生日晚宴，用我们屋的电炉子炖了一条湖南口味的草鱼，炒了年糕，摆上食堂小炒部买的鱼香肉丝和校门口买的辣白菜、桔梗丝，打开一瓶彼时大学校园里很流行的桂花酒，又点上两根蜡烛，关掉屋里的灯，唱起生日歌。虽略简陋但生日宴的气氛却很浓厚，蜡烛吹灭后，才子的女友流泪了，说从来没有想到在学校会有这么浪漫的生日聚会，在座的我们也沉浸在他们俩浓浓的爱意当中，纷纷祝愿他们幸福永远。

接下来就是大家的才艺展示环节了，才子朗诵了自己写给女友的诗歌，充满了肉麻的赞美，其他几个女孩有唱歌的，有讲笑话的，"黑牡丹"最出乎大家意料地唱了一段京剧《空城计》，博得满堂彩，是那晚我印象最深的一个表演了。

散场的时候我怯生生地对她说："你的京剧唱得真好！"

她笑嘻嘻地回答说："是吗？那也没有师兄的辩论精彩啊！"

哦，看来她对我的印象还不错嘛！

三

那次生日宴后我有意无意问了才子几次"黑牡丹"的情况，知道她也姓张，老家是河北保定的，学习很好，高考成绩也是排在她们高中学校第一名的。才子看出了我的心思，一天晚上趁着别人去洗漱时问我："怎么着？看上人家了啊？要我帮你问问吗？"

"不用不用，我就是随便一问。"我一向不善表达自己的感情，更别说跟女孩子交往，心事也就暂时藏在心里了。

时间一点点流逝，大学里时光过得分外的快，有时候偶尔在教学楼的走廊会看到她跟同学相伴着走过，乐呵呵的样子，好像永远没有烦恼似的。

眼看就是五一假期了，同学们都在计划着是回老家还是出游。我在教室里看书，才子走了过来跟我说："五一我们想去怀柔的黑龙潭玩呢，白天爬爬山看风景，晚上可以住在农家院，想不想同去？"

我随口说："算了吧，你们俩男女朋友出游，我当什么电灯泡。"

"你可别后悔！人家小张想去没有伴呢，你不去我可找别人陪她了。"

原来这样，我矜持了一会儿赶忙说道："原来是帮忙，那好吧，反正我也没有别的安排。"

"那就说定了。五一一早去昌平站坐火车，在怀柔住一晚上，五月二日回学校。"

"好的好的！"

答应了邀请，我赶紧回去准备出行的东西，跟老乡借了相机，买了一卷胶卷，准备了方便面和几袋榨菜，还特意买了几听健力宝饮料。后来想了一下，穷家富路，得多带点儿钱，又跟同屋的老大借了20块钱，想着把人家的车票和住宿费都承担了。

五一那天我们都起得很早，在女生宿舍楼门口集合后去了昌平火车站，然后一起说笑着上了火车。火车很慢，我们四个打了几把扑克牌，才子的牌技太臭，我们俩做对家，一路上竟然一把也没有赢，两个女孩倒是高兴得合不拢嘴。

下了火车在村子里找了一家农家乐，放下行李后就出发去黑龙潭游玩，那个时候的黑龙潭是怀柔最有名的自然景点，尤其受年轻人喜爱。来回的路上可以骑毛驴，可以坐驴车，当然也可以步走，那样的话花的时间会长一些。四人租了一辆驴车慢悠悠地往黑龙潭走去，我是唯一一个坐过驴车的，才子是南方人，两个女孩子都是在城市里长大的，坐驴车觉得很新鲜，路上一惊一乍的，各种笑料不断，惹得赶车的老乡都笑了起来。

从山谷口往里走还需要一点时间，我和她走在前面，才子跟女友走在后面，山谷里小溪流淌、草绿花红，偶尔会出现一块大石头横在小路中间，开始我说我帮你吧，她说不用，走着走着碰到了一块巨大的石头，她爬了两次也没有爬上去，就对在上面的我说："师兄，您倒是帮我一把啊！"我红着脸把她拽上了大石头，那是我成年后第一次拉女生的手，还是被动的，着实惊吓了一阵。

那时的黑龙潭就是一汪深深的池水，池水的一边连接着一个溶洞，可以坐橡皮船进去看溶洞，从外往里看溶洞黑魆魆的，越往里走越暗，仿佛里面真的住着黑龙，带着池水也变黑了似的。我们三个觉得里面不太安全，只有她想进去看看里面是什么样的，最后再三讨论，少数服从了多数，只是绕着潭水转了两圈，欣赏自然美景。

不久天色逐渐转暗，我们沿着来时的路往回走，天黑后才回到了住处。才子发挥特长，借了农家的灶台和锅碗瓢盆，自己动手准备晚饭。主食是带来的方便面，卧了几个鸡蛋，配着榨菜和主人给做的拌野菜，大家凑着灶台，一人捧着一个农家大碗，边说笑边吃饭，感觉惬意而美好。

吃完饭去村子里散步，五月的星空甚是诱人，高远的星际散落着众多的亮光，每一个亮光的背后好像都隐藏着许多故事和传说。走了一会儿，才子和他女朋友借口有点冷就先回去了，我们两个继续在村子里慢慢地逛着，不时有其他游客从对面走过，村子里的柴狗跟着就汪汪叫成一片，让进入安静的村庄显出不一样的活力。

在一个有路灯的小广场边，我们坐在石头台阶上仰望天空聊天。聊得最多的还是对未来的畅想，她说她喜欢法律课程，未来想做一名律师，为社会上的贫者弱者发声，维护社会正义。我说我喜欢政治哲学，思辨性更强，学起来很有意思，最好能做一名老师，传道授业解惑，得天下英才而育之。

不知不觉已聊了一个多小时，郊区的夜晚凉意渐浓，我们起身往住处走去。可看见的天空很高，星星很远，我们并排走在乡村小路上，看着她开朗大方的样子，我的心是激动的。

四

那次美妙的春游在我的心底激起了欢乐的浪花。

回校后的第二天她来找我，要把我垫付的车票钱和住宿费还给我。我本不想要，可人家不那么认为："说好了是结伴出去玩，就应该平摊费用，干吗要你负担呢？"是不是我自己想多了呢，人家只是找个结伴出游的男生，并没有别的意思的。很快我的担忧就验证了。

我问才子："以你丰富的交友经验来看，你觉得她对我有好感吗？"

"绝对有，我朋友说她老夸你，说你知道的东西多，知识很渊博呢。关键要有勇气表达出来，女孩子都害羞，人家不可能主动的。"

哦，原来是这样啊！我下决心要表明我对她的好感。

又一个周末来了，我提前跟师兄借好自行车，买好电影票，还特意借了同学的衣服装扮了一番，同宿舍的人都说可以去了，我才鼓起勇气邀请她看电影。

当我敲开她们宿舍的门，她看到我很诧异，问到："你是怎么进来的？"我说："跟宿管阿姨说是送东西的，她就让我快去快回了。""那你找我有什么事吗？"我说："想请你看电影，今天的电影不错的。"她说："我要去看书，没时间去。""今天是周末！""谁说周末不能学习呢？谢谢师兄，我去不了。"

直接被拒绝，于是我很尴尬地从女生宿舍楼出来了，第一次的主动邀请就以这样的方式结束，那两张电影票也作废了。

回到宿舍把当时的尴尬情况说了，哥儿几个纷纷给我出主意，说也许是太仓促了，都给我鼓劲说下次一定要提前邀请，千万别临时上门，那女孩子要是去了也太不矜持了。一通分析劝说之后，我心情多少好了一些，心里的那点儿勇气还没有完全垮掉。

既然连看电影的邀请都不接受，那还有别的什么办法可以接近她呢？我一直在想着这个问题。最后还是才子给我出了个主意："要不你邀请她一起去教室学习吧，你们俩都爱学习，就说跟她请教英语四级的问题，搞不好她心一软就答应了。"

这是个好主意！我开始想怎么提这个想法，这次可不能再冒失地去人家宿舍了。

皇天不负有心人，一天中午在去打水的路上正巧碰到了她，打过招呼后我假装随意问了一句："晚上有空吗？想跟你请教一下四级考试的事呢。"

她略微迟疑，随后就答应了。"那我们六点在阶梯教室见，我把那本单词书给你带过去。"在黑龙潭聊天的时候，我说到了自己英语不太好，四级老考不过，她说她买了一本挺好的四级单词书。没想到最后还得用上借书这个老套的做法来帮助约会。

那天都学会了什么我已经不记得了，只记得下了晚自习后我请她去小卖铺喝了一瓶酸奶，借口就是感谢她帮助学习英语。她也答应了我们一周可以有两次一起学习的机会，她会随时辅导我的四级英语考试。

柳暗花明又一村。本来看似没有可能的事情出现了转机，我的心情也大好起来，想着怎么能把握好这学习的机会。

随着相处的时间增多，我们的话题也多了，过了几天她开口跟我借书："师兄，把你说的马斯洛的书借我看看，不知道能不能看懂。""好啊，明天我就带过来。"

才子听了我们的交往情况，借用《围城》中的名言说："这是好兆头啊！按照钱钟书先生的说法，借了书要还的，一借一还，一本书可以有两次接触的借口，而且不留痕迹。这是男女恋爱必然的初步，一借书，问题就大了。"那一年，电视剧《围城》刚刚播出，正是大家纷纷议论钱钟书先生和他的作品的时候，没想到才子把剧中人物说的话用在了我们俩身上。

20 世纪 80 年代，大学校园里流行看西方哲学、美学、心理学等方面的书籍，马斯洛的《动机与人格》就是其中很有名的一本社会心理学书籍，他提出的需要层次论是大学生平时辩论经常引用的内容，她肯定是在听我们辩论时记住了这本书。跟英语刚好相反，社科是我的长项，平时看得最多的就是这一类书籍了。不知不觉，我们谈论的话题就转到了我的优势方面，我也有更多机会发表看法。

我们经常在一起讨论、辩论，甚至争论，在这个过程当中她也逐渐改变了对我的印象，慢慢地增加了对我的好感，事情真的按照钱钟书先生的预言一步步推进。

五

一天学习过后她突然问我："师兄，星期天有空吗？我想进城里的书店看看，昌平新华书店的书太少了，找不到法律方面的书籍。"

"好啊，我也正想去书店看看呢，思想史老师推荐了几本书，学校图书馆还没有。那吃完早饭我去找你。"

那个星期天我们第一次一起进城。从学校到昌平西关 345 车站，需要 20 多分钟的路程，平时走觉得很累，那天两人说笑着倒是很快就到了。345 路公交车到德胜门终点站要一个半小时，一路站过去却也没觉得有多久，大约十点钟到了德胜门，步行到了新街口新华书店，那是我自己经常去的书店，比起昌平的新华书店要大很多，社科类的图书也很丰富。

我们在书店里待了两个多小时，都精挑细选了几本书，她找到了孟德斯鸠的《论法的精神》和卢梭的《社会契约论》，我找到了马基雅维利的《君主论》和罗素的《西方哲学史》，这几本书都是商务印书馆的汉译世界学术名著丛书，书很精致，翻译得也很好，可惜就是太贵了，《论法的精神》和《西方哲学史》还都是上下册，每套书都需要十七八块钱，买了这些书下一个月的伙食就要以白菜豆腐为主了。可是，这些书捧在手里又舍不得放下，自己有了方便随时翻看，我衡量了许久才下决心购买。

快要出门的时候，她看到了一本文学大家唐圭璋编辑的《唐宋词鉴赏辞典》，拿起来就不舍得放下了，我凑过去看了看，也觉得很优美，可是这本书也是精装的，也要十四块钱，我们俩单独买都买不起这本书，于是各出一半的钱买下了那本《唐宋词鉴赏辞典》。没想到一起买这本《唐宋词鉴赏辞典》成了确定我们关系的最后一件事，共同欣赏品读唐宋词也成为我们后来相当长一段时间的美好回忆。

后来的学习之余，我们的乐趣之一就是背诵唐宋诗词，而背诵最多的还是那本书中的词。相比于唐诗的雄浑气魄，宋词的委婉温馨更适合深陷感情热恋中的男女，有时候她会在日记里摘抄几首喜欢的词给我欣赏，我也会把心动的词抄在卡片上送给她欣赏，有时候她让我背诵李清照的词，有时候我跟她约定一个时间都看苏东坡的词。总之，两个非文学专业的大学生，业余的最大爱好竟然是宋词赏析，同时也在借助宋词表达心意。

她抄写李清照的《如梦令》："常记溪亭日暮，沉醉不知归路。兴尽晚回舟，误入藕花深处。争渡，争渡，惊起一滩鸥鹭。"感叹这样的描写意境真实得如在眼前。

我背诵苏轼的《水调歌头》："人有悲欢离合，月有阴晴圆缺，此事古难全。但愿人长久，千里共婵娟。"我想告诉她人虽千里却能共赴婵娟的重要。

她看了皇甫松的《忆江南》："兰烬落，屏上暗红蕉。闲梦江南梅熟日，夜船吹笛雨潇潇。人语驿边桥。"羡慕江南美景，想着有一天也去雨中乘船，桥边尝梅。

我读着温庭筠的《忆江南》："梳洗罢，独倚望江楼。过尽千帆皆不是，斜晖脉脉水悠悠。肠断白频洲。"心想着如何能说出相思之苦。

她读林逋的《长相思》："吴山青，越山青，两岸青山相送迎，谁知离别情？君泪盈，妾泪盈，罗带同心结未成，江边潮已平。"觉得睹物思情是人之常情。

我看白居易的《长相思》："人言人有愿，愿至天必成。愿作远方兽，步步比肩行。愿作深山木，枝枝连理生。"感慨人生相识不易，相伴更难。

她喜欢晏殊的《浣溪沙》："一曲新词酒一杯，去年天气旧亭台。夕阳西下几时回？无可奈何花落去，似曾相识燕归来。小园香径独徘徊。"

我喜欢晏殊的《破阵子》："燕子来时新社，梨花落后清明。池上碧苔三四点，叶底黄鹂一两声。日长飞絮轻。巧笑东邻女伴，采桑径里逢迎。疑怪昨宵春梦好，元是今朝斗草赢。笑从双脸生。"

她告诉我辛弃疾的《西江月》有田园风光："明月别枝惊鹊，清风半夜鸣蝉。稻花香里说丰年，听取蛙声一片。七八个星天外，两三点雨山前。旧时茅店社林边，路转溪桥忽见。"

我告诉她李珣的《南乡子》里风景外还有人情："相见处，晚晴天，刺桐花下越台前。暗里回眸深属意，遗双翠，骑象背人先过水。"

她欣赏温庭筠的《菩萨蛮》，写尽女儿倦态。"小山重叠金明灭，鬓云欲度香腮雪。懒起画蛾眉，弄妆梳洗迟。照花前后镜，花面交相映。新帖绣罗襦，双双金鹧鸪。"

我忘不了欧阳修的《生查子》诉说人生错过之苦。"去年元夜时，花市灯如昼。月上柳梢头，人约黄昏后。今年元夜时，月与灯依旧。不见去年人，泪湿春衫袖。"

如此的往复中我们渐渐明白了对方的心意，关系也渐渐明朗，在同学和老师诧异的眼神中，我们确定了关系。

同宿舍的人开玩笑说："平时没见你着急找女朋友，怎么'黑牡丹'一下子就让你这干柴着火了，这火花是怎么擦出来的啊？"

"还不是才子介绍得好，要不也没机会认识人家！"

于是大家一通起哄，都嚷嚷着要我请客，看来喝一场酒是免不了的啦。

六

大三那年暑假跟她回到老家保定，本来我想住在宾馆，可是回到家里见过她爸妈后，她妈妈就说："家里有地方住，就别在外面花钱了。"于是，我就住在了她的小屋。几天时间里我战战兢兢、诚惶诚恐，吃饭也不敢放开吃，说话也不敢放开说，生怕哪里没做好，惹得她们家里人生气。

她看出了我的心慌，于是经常带我在外面散步逛街。她家旁边有一条白杨树小道是我们走得最多的地方，她给我讲那是当年拍摄《红衣少女》的地方，还说《红衣少女》是她小时候最喜欢看的电影，自己去电影院看了好几遍。哦，怪不得她那么喜欢穿红裙子呢，原来是受这部电影的影响啊！

在那条小路上，她给我唱各种戏剧选段，她爸爸喜欢听戏曲，带着她也学了不少戏剧名段。那几天她从京剧《空城计》"我正在城楼观山景，耳听得城外乱纷纷"，到《定军山》"头通鼓，战饭造；二通鼓，紧战袍；三通鼓，刀出鞘；四通鼓，把兵交；上前个个俱有赏，退后难免吃一刀"；从黄梅戏《女驸马》"为救李郎离家园，谁料皇榜中状元，中状元着红袍，帽插宫花好啊好新鲜啊"，到评剧《花为媒》"玫瑰花开香又美，他又说玫瑰有刺扎得慌。好花哪怕众人讲，经风经雨分外香。大风吹倒了梧桐树，自有旁人论短长"。几天下来才知道她会的戏曲段子真不少啊！自那以后听她唱戏曲也成了我们俩之间的一个保留节目。

我们还逛了老城区，参观毛泽东等名人故居，还保留有很多民国时期的店铺和建筑，我们梳理着那条老街，熟悉着她自小长大的环境。另外，又去了莲花公园、直隶总督府这些景点，逛着逛着我有了一种似曾相识的亲切感，好像这些场景也曾经出现在我的童年记忆中。

三天后我坐上了回陕北老家的火车，她送我上了火车，挥手告别之间她的眼神好像有些惶恐，我隐隐约约有一些不太好的预感，莫非家人不同意我们的交往吗？带着不安的思绪我返回了家乡，一到家中就赶紧写了一封问候信发了出去。

我的信刚发出两天，她的信已经先到了。打开信纸还没读完内容，眼眶已经湿润了，她在信中说我走后她哭了好几次，一方面是不舍分别，更难过的是她们全家都不同意我们俩交往，她自己夹在中间非常痛苦，不知道该怎么办了。家里给出的理由很简单，就是要以学业为重，不同意她过早谈朋友。

　　我心里很清楚，她们家是觉得我们分属两个省市，毕业以后不知道要各自在什么地方，这么早定下来关系是麻烦的事情，因此宁愿早点下决心斩断我们俩的关系，也不愿以后看着我们两地分居承受更多的痛苦。

　　那个阶段的我是很执拗的。白天陪着家人、陪着同学应付各种应酬，晚上写信到很晚，不是一天一封信，就是两天发出一封信，下雨天的时候还焦急地盼望晴天，好能早点收到她的来信。信中互相诉说离别之苦，互相感慨相见之难，互相鼓励对方坚持下去绝不放弃！

　　一个月的时间里我们俩互通了人生中最多的信件，加起来有二十多封，20世纪80年代的交通状况，一封信从陕北到保定快的话也得四五天的时间，慢的话就得一个礼拜了。不过，我们俩寄出的都是加急信件，贴的邮票都是好几张，不是平信的八分钱，而是加急的一毛六、两毛四，即便这样，我们还嫌信件走得太慢了，于是相约提前一礼拜回学校，共同想出办法来说服她的家人接受我们的关系，接受我这个陕北的男孩子。

　　大四开学前一周我们俩早早回到了学校，一见面她就拉着我的手跳了起来，高兴地喊着："我妈妈同意了！我妈妈同意了！"原来，暑假里我写给她的十几封信件，每一封她妈妈都提前审查过了，最后被我的信感动了，觉得我是真心喜欢她，也就同意女儿的坚持了，只是嘱咐我们别落下学业，影响了毕业分配。当然，她妈妈的建议是我们两个留在北京，那样就避免了两地分居，这等于是间接给我提出了一个条件，要求我必须能留在北京工作。

　　大四开学不久我就开始了实习生活，由于实习单位在台基厂北京市委，我按照系里的统一安排住在了学院路老校宿舍，也就暂时离开了在昌平校区的她。实习时间有整整半年，但是每到周六下班后我都会赶回昌平校区，周日晚上再赶回学院路宿舍，往返一次大约需要四个小时的时间，现在想起来很辛苦，可是那个时候却觉得很甜蜜，每周都盼望着在一起的那一天。

　　就在实习期，我们的关系还经受了一次考验。实习到了两个多月的时候，带我的老师工作量突然增多了很多，分配给我的任务量也就增加了，有两周我不得不加班加点完成工作，就没有来得及回昌平去看她，只是打了电话。那时一栋宿舍楼只有一部电话，周六晚上大家都是排着队在打电话，接通后也只能说几句就挂掉了，对于热恋中的男女来说这样的通话是远远不够的。第一周我还没有觉得怎么样，到了第二周的时候，打了三四次电话都说宿舍没有人。我留了话让她回来后回电话，但到了熄灯时也没有接到回话。后来才知道，她觉得我关注她不够，赌气自己去教室学习了。

到了第三周本来计划要回昌平校区的，可是领队老师又临时安排了工作，我只好在电话里跟她请假，谁知道话刚说完她就生气地把电话挂掉了。我还纳闷，原来看着很讲道理的女孩子，发起脾气来也是不论青红皂白呢？

晚上跟才子聊起这些事，才子乐呵呵地告诉我："那她是陷进感情里去了，人家是真心喜欢上你了！再说了，跟女孩子哪能讲道理呢，讲的是感情！"才子不愧感情经历丰富，几句话就让我明白了其中的缘由。

周日上午我办完了事，回到学校推开宿舍的门，发现她端端正正坐在我的床上，我惊讶地张大了嘴："怎么也没说一声就来了呢？"

"怎么了？您是大忙人，我们闲人就不能过来看看呀！"

"当然可以！太好了！咱们赶紧去吃饭吧。"

那天下午我们去了学校旁边的紫竹院公园，然后还看了一场电影，临到要送她走的时候她还哭了，坐在车上还直抹眼泪，搞得我站在车站也眼泪哗哗满眼转。那一刻我下定决心，一定要好好对她，不让她再流泪了。

几天后我收到了她的一封信，信封里就一张小小的明信片，上面写着一段话："总渴望着爱的小舟能划进一座舒适的避风港，伴随着爱人的低语与笑声静静地倾听海浪的喧唱。给我这把推动爱之舟的划桨！"

我马上写了一段话寄给她："风再大浪再高，总有港湾等着小船；路再远途再艰，有缘的人永远相伴！"

毕业后我留校陪着她，一年后她也毕业了，再过一年我们终于在北京有了自己的家。

那年遇见她，那年遇见爱。

我们回去吧

董泽平*

"我们回去吧。"

"回哪？"虽然她说这句话并不意外，但我还是想确认一下。

"我带你回昌平。"她笑着说。

我和她是读研时认识的，同班同学，刚确定关系不久。我大学是在南方念的，而她本硕都在法大。她不止一次跟我说起昌平军都山下那四年时光，每每说起，都是一脸笑意。

昌平校区我去过，说实话，并没有留下特别的印象，一如北方很多大学校园的古朴厚重，方正的建筑、笔直的道路，不似南方那般灵动蜿蜒。尽管如此，当她说回昌平时，我内心还是十分高兴的，一来我不用再寻找约会地点并提前安排，再者是，她比较好静，平日里我们最大的乐趣就是饭后在学校周边走走，但研院很小，我们只能走过天桥，去马路对面的北邮和北师。再大再美，毕竟是别人的校园，这次一起回昌平，倒是有了几分亲切和骄傲。

一早，坐上校车，我们踏上了回昌平的路。

她兴致很高，同我说着以前的故事，车驶入学校周边的街道后，更是指着窗外，笑着介绍这是社团活动成功后一起吃饭的高档"大宅门"、这是室友们常逛的阳光商厦。我笑着听着，想着那时的她、那时的故事。

她带我回来，我陪她回忆。

深秋的寒意袭来，一下车我不禁打了个寒颤。眼前的校园，也是比

---

* 本文作者董泽平，中国政法大学民商经济法学院 2013 级硕士研究生。

较萧瑟，枝上枯黄的树叶、路边稀疏的草，只有几棵银杏树上明黄的叶子透着生机和温暖。正值周中，这会儿也是上课时间，路上行人并不多。

"我带你转转吧。"正当我不知所措时，她已拉起我的手，笑着就往前走了。她像久居此处的旧人一般，如数家珍地向我介绍；却也像初来乍到的游人一样，满是新奇地看着周遭。久未归家的游子，带着好友返乡，现在似乎是这样的情景，却也总感觉又不是。

穿过端升楼，绕着"厚德、明法、格物、致公"的校训"十字楼"，来到法渊阁前，我仿佛看到曾经的她，提着包去上课、去自习，她有喜欢的教室、喜欢的座位，还有惯常的往返路线，那是一个认真好学、喜欢独处的女孩。再往后，是她曾经住过的梅园、吃饭的食堂，还有各种活动集合地的"牛前见"，她曾因为水壶被人拿走而几天不愿和人说话，也曾因为久违的放晴而在寝室楼下一坐就是一天，那是一个多愁善感、富有情趣的女孩。

校园里的人渐渐多了起来，路上同学们三五成群、有说有笑地走着，这是大学校园应有的年轻朝气，也是我们现在只能追忆的过往曾经。一直到中午，她带我来到了食堂，吃着熟悉的饭菜，喝着"奶茶大叔"的招牌奶茶，她也不忘跟我介绍学校旁边的"黑暗料理一条街"和实惠美味的蜀园。吃完饭，我们又走了会儿，来到了路边的长椅坐下休息。

"感觉怎么样？"她问。

"挺好的。"我一时竟不知怎么回答。

"你知道吗，大学四年里，一直到认识你之前，每天早上醒来我都会陷入一阵迷茫和失落，无论我前一天多么开心，第二天早上起来都是如此。"她抬起头望着略有灰蒙的天，并没有看我。

我沉默了。这毫无征兆的话，和此前高兴的心情形成了强烈反差，如果真是这样，那她大学四年里每天都承受着这份煎熬，那是怎样的痛苦，而我又能为她做些什么，我脑子里很乱。

"或许是孤独吧。"她说，"一个人待久了，也就成了一个世界，所以当她从另一个世界醒来时，就会失落、痛苦、无助。"

"大学毕业的时候，我把我的一些东西，一个人时写的一些东西，埋在了学校的某个角落，当时我就想，永远不要再挖出来。"她继续说着，"今天你陪我来昌平，我很开心，也不打算去找那些东西，因为现在我已经不是一个人了。"

此刻，暖暖的幸福涌上心头，我舒展开紧锁的眉头，笑着握住了她的手。她转过头来，也看着我，虽然笑着但眼里已含着晶莹。

到中午风渐小了，阳光透过灰蒙蒙的天空，照在旁边的银杏叶上，显得格外灿烂，我们就在树下的长椅上依偎着，静静的、暖暖的。

"你再带我转转吧，校园也好，周边也好，我陪你。"我轻声说道。

"不转了。我们回去吧。"她擦了擦眼，转过头来。

"啊？回哪？"我一脸诧异。

"回研院。"她笑着说，"不过这次，得你带我回去了。"

牵起她的手，我们就这样回去了，一路上两个人的手握在一起，很温暖。她带我回昌平，是回忆，也是告别；我带她回研院，是回归，也是新生。是的，两个人在一起，就有了新的世界，以后也不再有"我"和"她"，有的只是"我们"。一如昌平校区和研究生院，虽相距甚远、大小有别，但却是一个整体，有着同一个名字：法大。

走的时候我发现，昌平校园很美，美得像是一座女孩的城堡，而我已分不清这是城堡的美，还是女孩的美了。但这已然不重要，因为现在女孩已经离开了一个人的城堡，和心爱的人一起，走进了广袤的森林。

象牙塔里，有你足矣

安慧中

男主：沈　勇，中国政法大学国际法学院 2011 级本科生，现就职于北京市盈科（大连）律师事务所。

女主：安慧中，中国政法大学国际法学院 2012 级本科生，现就职于辽宁法大律师事务所。

"师兄"，第一次见面时，
我大二，你大三，我这样称呼你。
辽宁老乡的聚会上，我低着头，不善交际，
喧闹的欢笑声，让我格外羞怯。
觥筹交错的光影里，我看到你，
目光相聚的一瞬间，我好像喜欢你。
那时候大家还玩人人网，
我给你点过赞，你给我留过言，
见面之前的交集，如此而已。
我和其他大二的同学去给你敬酒，
声音小小地说：师兄好。
你说：嗯，我们之前聊过天。
我想，你自然而然的熟稔，透着几分老练。

再见面，你让我帮你介绍女朋友，
现在想来，我玩笑地答应时，心里并不愿意。

我悄悄去社交平台看那个你中意的女孩，
认为自己比她漂亮，暗自不服气。
你约我在昌平的公园里汇报"工作进度"，
京郊秋天傍晚的风，有酸涩的凉意。
原来醋，是这样的味道。

大二下学期，是最累的时候，
每天都要泡在自习室，
在端升楼的走廊里，遇见你。
你嘿嘿地笑着问我在哪里自习，
让我换去你坐的教室，以后自习的时候叫上你。
我们每天告诉彼此在哪个教室，
室友问我，你恋爱了吗？
我以为，师兄只是带我一起好好学习。

北京的冬天，有最明媚的暖阳，你约我去爬山。
在山上，我让你把翅膀断了的小蜜蜂放在花蕊里，
让它不用辛苦地采蜜。
你说我傻，我蹲在地上看蜜蜂，懒得理你。
过马路时，没有车，可我坚持等绿灯，
教育你作为法律人要懂得敬畏规则，你笑嘻嘻。

经常一起自习，顺便互换零食饮料，
可你每次都送我"老婆饼"。
发消息问我，好吃吗？老婆，饼。
现在想想，初恋的我，有些吃亏，
毫无胜算地沦陷在你的套路里。
你问我愿不愿意做你的女朋友，
我没有直接回答你。
可你像赢了一样，宣告我的初恋开始，

就在冬至那天。

有一天你喜气洋洋地来接我下课，

推着新买的自行车，说以后每天接送我。

之后，你载着我逛超市、去公园放风筝，

最远的一次，我们一起去了十三陵。

我伏在你背上很久很久，感受春日的气息，

歌里唱的没错，春风十里不如你。

毕业之后，那辆自行车就锁在竹三楼下，

我们想起来时常后悔，不该上锁。

如果它被另一个男孩发现，

是不是会带给另一个女孩幸福。

我准备学年论文时，你开始了紧张的司法考试复习。

初战失利，我安慰你没关系，明年我们一起。

第二年，你等待成绩时，已经在金台夕照附近上班。

清晨，我哭着告诉你，我们都考过了，

你高兴地在地铁上喊起来。

之后你告诉我，

旁边的陌生大叔听到这个消息，都恭喜你。

那一天，我们好像已经获得了全部的胜利。

你毕业了，来大连工作，

▲ 毕业照

在我的家乡，等我学成回来陪你。
这座蔚蓝的城市，散发着迷人的美丽，
可没有家人和根基，从零开始并不容易。
前段日子跨年，我们回顾往昔，
你想起那时候的困窘和艰辛，
告诉我你笃信知识改变命运，以后会更好。
我看着你认真的样子，
觉得自己拥有了最辽阔的海，和最亮的星星。

你是那样傻，配合着我的稚嫩纯真，
让我时隔多年走在家乡街头，
还恍惚自己仍旧徜徉在南门和北门之间的回忆里。
我肆无忌惮地闹，你毫无保留地笑，
这样就足够，这样就正好。
你是那么软弱，
经不起我半点哭闹。
可你又是那么强大，
守护我一次又一次穿越长大后的艰难桥段。

神秘冷静的水瓶，是你，
直接热火的白羊，是我。
你喜欢激情热烈的体育竞技，
我钟情文艺清新的电影话剧。
你热爱烧烤和啤酒泡沫的香气，
我迷恋红油火锅的热辣扑鼻。
你喜欢漫步街边走走停停，
我喜欢抱着薯片窝在家里。
我们是截然不同的两片叶子，
却因着"势不两立"的差异相知相惜。

那段象牙塔里的日子，
牵动着我心底最深的想念。
四年光华，春秋冬夏。
我们一起喝过的大叔奶茶和凤梨沙冰，
冰镇了多少个京城夏日的焦灼。
在鲜果时间买给你的红豆牛奶，
是不是也柔软了凛冽的风。
我们的母校，教给我知识，告诉我法律人的信仰。
可我格外感激这片温暖的土壤，
因为它赐给我喜剧之王，又赐给我超级英雄，
赐给我一生的爱人，和不败的岁月时光。

▲婚纱照

一心·伊意

徐伊洁

男主：胡一凡，中国政法大学社会学院 2014 级本科生，现就职于北京教育考试院。

女主：徐伊洁，中国政法大学社会学院 2014 级本科生，法大在读研究生。

2021 年 6 月的某个周末，他和她一起在商场闲逛。她想去买一杯喜茶，结果发现前面排队的人有 60 多位，起码要等一个小时。他看见喜茶旁边有家首饰店，便提出进去看看。她目前仅有的戒指是毕业时发放的法大纪念戒指，而"马大哈"的他却忘记了预定毕业戒指。她既不知道戒指有什么款式，也不知道自己适合的尺寸，只是觉得新鲜又兴奋。一时兴起的念头下，两个迷糊的人第一次走进了戒指店，也就在迷迷糊糊之中预订了一副对戒。他想：今年求婚时，要亲手给她戴上。

喜欢从何时开始？ ——2014 年冬

大一开学前，同学们纷纷在 QQ 群里爆照，他俩也不例外。她觉得他很清秀，而他对她却一点印象也没有。开学后，他们正式成为同班同学，两个人都加入了学院的外联部，也一起参加了支教活动，共同担任某个班级的体育老师。但是两个人之间几乎没有交流，因此连朋友都算不上。

不过，这只是她以为的。

开学后，他逐渐注意到了她——又傻，又呆，自带无脑光环。在迎新晚会上，她要上台表演唱歌，他偷偷地举着手机，录下了她在台下紧张练习的片段；新生运动会时，他发现擅长铅球的她没有参加比赛，便旁敲侧击地问了身边的好友，才知道她因为奶奶突然离世而赶回了老家；在外联部为她举办生日惊喜派对时，他还在忙其他社团的工作，忙完后便急忙赶去派对，为她过了五分钟的生日；在她忙于社团工作而忘记吃晚饭时，他托她的室友为她带去了一个刚出炉的肉夹馍。

一天晚上，他请她去阳光商厦地下一层的和合谷吃饭。他突然问："可以做我的女朋友吗？"她的脑子里一片空白，顿时不知所措，想要装作没听见。他拿起手机，点开了她的对话框，输入"做我的女朋友好吗"，然后发送。他把手机屏幕放在她的面前，她又躲开了这个话题。饭后，两人各自回到宿舍，他的手机里收到了一条消息：

"好呀。"

那一天，是 2014 年 11 月 30 日。

你会离开我吗？ ——2015 年夏

院学生会举办了撕名牌比赛，他知道她喜欢撕名牌，因为她那时候最喜欢的综艺就是《奔跑吧兄弟》，于是积极报名了。撕名牌的过程中出现了意外，他失去重心，额头重重地磕到了水泥地上，然后便趴在了地上一动不动。她急忙冲过去，发现他的额头裂了一道将近 6 厘米而且很深的口子，她着急地用手枕着他的头，陪他去医院包扎。当医生带他去消毒、处理伤口时，她才发现自己的手臂上全都是血，一个人偷偷跑到卫生间清洗。她很心疼也很担忧，但为了缓解他的疼痛，便只拉着他的手和他聊着天。他很疼，却更害怕她会担心，于是也只是故作轻松地开着玩笑。

医生："是撕裂伤，可能留疤。"

他："那我就破相了，你会不会不喜欢我了？"

她："……哼，懒得理你。"

为了更好地缝合伤口，他从昌平区医院转到了北医三院。他的父母来医院照顾他，他也即将进入手术室缝针，为了不让她担心，他催她先回去，她只能启程回学校。

她不知道，其实他不想她走。

他也不知道，其实她一步三回头。

走到医院门口时，她收到了他发的一条讯息："我爱你。"

陪伴是最长情的告白——2016 年春

她原本就体质虚弱，经不住风吹，大夏天也需要穿厚外套，更何况是北方冬末的"妖风"。她生病了，期间非常脆弱，对很多事情都丧失了兴趣，更不愿意出门，长时间处于低沉的情绪状态中，不到两个星期便暴瘦了十几斤。他陪她喝了一个多月的粥，但是情况并没有好转，她会突然之间反胃、烧心、干呕，在不通风的房间中会觉得不舒服。他不断地鼓励她、陪伴她，此后近两年的时间里，她的身体和情绪一直处于不良状态，而他毫不吝啬自己的支持和陪伴，还主动联系了她的父母，和她的父母一起帮助她、保护她。

你可能无法想象，但这是常态：两人颇有兴致地在餐厅吃饭，吃到第三口她就把嘴里的饭吐了出来，然后便没了胃口。他不能大快朵颐，也不能因此丧气，兴致全无却不能有丝毫表现，因为他的情绪会影响到她，她会更难受。

不知该如何描述那段经历。回想起来，至今仍觉得不可思议：他们居然挺过来了。她居然可以摆脱那种负性状态，恢复了以往的欢快和积极；他居然能在那种状态下一直陪伴在她的左右，不离不弃。语句简短，但过程着实不易。

你女朋友到底姓什么？ ——2017 年春

测谎课上，老师选他为实验被试者。测谎题目是"女朋友姓什么"，结果显示，他的女朋友姓赵的可能性最大，其次才是她的姓氏徐。全班沸腾了，他的汗水止不住地往下流，下课之后他小心翼翼、委屈巴巴地走到她身边，特别乖巧地说："我真的没有姓赵的女朋友！"

这或许就是学心理学的奇妙感受？

▲心理学的奇妙感受

下一站，幸福——2017 年春

"北京国际电影节"期间，他俩一起看了是枝裕和的电影《下一站，天国》。

看完电影后已是深夜，两人依偎着走在马路边，她问他："如果让你选择一段记忆带走，你会选择什么？"他想了一阵子，认真地说："不知道。但是一定有你，有爸爸妈妈。"俩人重温着过去的美好回忆，慢慢地走向车站，坐上了末班车，车上只有他们俩，吹着小风，惬意悠哉。下车后经过一个广场，他忽然把她背了起来，这是他很喜欢的动作——他说她是他的世界，这种实实在在的重量能让他体会到，世界在他身边。跑一会儿，走一段儿，再转个圈，一会儿停在路边的娃娃机旁抓娃娃，一会儿走进某个小卖部买点零食。没有压力，心无旁骛，沉浸在当下的小美好中，只有彼此。

守候——2017 年冬

有一天她去研院开会，晚上坐着 345 快公交车回到昌平校区，看看手表，已接近晚上 10 点了。公交车上挤满了人，她在车上站了一个多小时，头靠着栏杆昏昏欲睡。

　　车子开到了鼓楼南街，她给他发讯息，告诉他自己快到学校了。"下一站，中国政法大学站，下车的乘客请准备。"车快到站了，而他一直没有回复，心里难免失落，因为一路的疲惫后她想在回宿舍前看看他，和他聊聊天。"可能正在复习考研，看书太认真了，没有看到这条讯息。"她心里这么想着，但车还未停稳，就看到一个高高的身影倚在车站栏杆处。

　　刚一下车，她迫不及待奔向他，两人对视一笑，牵起手慢慢走回了学校。

▲借你双眸读法大

相距 3000 公里——2018 年秋

　　毕业后她参加了法大的研究生支教团，前往新疆生产建设兵团支教一年。十一假期，他去了她所在的城市和学校，他们一起吃了新疆美食，一起在马路牙子上玩石头剪刀布。她兴奋地和他分享这段时间的生活，他只是静静地听着没有说话，笑眯眯地看着她，安心了很多——他原本十分担心她一个人在陌生的地方无法适应。元旦假期，她又回到北京，分离的前一晚，他们在马路边拥抱了很久很久。

　　这一年，他在学校里念着双学位，同时在新单位里实习；她在新疆支教，尽力做好自己的工作。因为 2 个小时的时差，往往他准备睡觉了，而她还没有下班回家，这一年他们克服了时差和距离，一起刷完了几部电视剧，他们每天睡前打个电话，分享着每天的生活，然后互道晚安。

想和你近一点——2019 年秋

他准备就业，而她留在研院继续学习。因此他在找工作时，每次投递简历之前，都会习惯性地搜索一下工作单位和法大研究生院之间的距离。他终于发现了一份心仪的工作，单位和学校间仅有几站地的距离，这让他们异常欣喜。

他顺利找到了工作，她也返回学校继续攻读研究生。每周，他们都会骑着共享单车往返于单位和学校之间，相约到小月河旁跑步锻炼，或是到公园里跳跳广场舞。

我来接你——2020 年夏

原本以为新疆支教期间是他们分别最长的日子，结果突如其来的疫情打破了这一记录。五一假期、端午假期……疫情不断地反复，见不到面的日子也就一点点地持续延长。八月底他突然去了她的家乡。她笑着说："再过一个星期我就开学了，到时候我们就能在北京见面啦，现在还花了这么多的路费。"他委屈地说："一个星期也等不了了，我来接你回学校。"

一个来自北京的小伙子，一个来自浙江的小女孩，在法大相遇，自此，两条平行线产生交集。19 岁到 26 岁，一如初见。

大学时，他们喜欢在楼下的椅子上坐着聊聊天，或是吵吵架，总有说不尽的话，每次都会在楼下待很久。到了冬天，他会一边打着寒颤，一边用手为她焐暖。现在他已工作了，她在学校继续学业。每天下班他们都会互通电话，平日里他会去她实习的地方接她下班，周末时两人见面聊聊一周的有趣见闻，或是畅想未来生活。

安心温暖，自在舒适，很幸运能遇见彼此，更幸运的是，故事未完待续。

跨越六年拥抱你

王一诺

男主：姚腾越，中国政法大学法学院 2009 级本科生，现就职于北京市中伦律师事务所。

女主：王一诺，中国政法大学法学院 2015 级本科生，现就职于中国铝业集团有限公司。

我第一次迈进法大昌平校区的那年，老姚的一只脚已跨出蓟门桥的研院了。他本科 2009 级，而我是 2015 级，我们之间隔了六年的岁月。

法大并不算大，可隔着人海，两个人相遇却很难，似乎总需要一点运气加持，才能成就一段缘分。我和老姚的缘分源于对同一个社团的选择，法学院外联部。在六年光阴的两头，我们先后成为这里的负责人，从此便有了超越师兄师妹关系的特殊联结。

2016 年的秋天，大二的我刚刚成为法学院外联部新一任的部长，正为纳新工作焦头烂额。彼时长我三届的毅阳是外联部的老部长，某天吃饭时突然笑说要帮我介绍一位优秀的外联师兄认识，谈笑间便促成了我和老姚的相遇。那时老姚已入职律所，日常在加班和出差中轮转，趁着喘口气回京的间隙，他和我沿着南锣鼓巷一路畅聊，故事便由此开端。短短的胡同仿佛没有终点，不觉间我们便谈了很多，也走了很远……

那一年的秋天有很多让人难忘的好天气，军都山下的晚霞总是漂亮得不像话。我爬上梅三的宿舍楼顶和他打电话，望着收进眼底的可爱校园，感慨这里赋予我们的奇妙缘分。原来在相隔六年的两个时空里，我们与法大有关的轨迹神奇地重叠了起来，它穿越时间联结起两个独立的个体，温柔而坚定地给予我们感情最初的交集与最有力的支撑。在此处，我穿越光阴遇到他；在此处，我隔着光阴凝望他。

我格外爱听老姚讲他的大学故事。那些意气风发的社团往事，那些倾心以待的良师益友，那些他全神贯注的讲座与课堂……这会让我不由自主地在法大的每个角落，试着描摹曾生活在这里的他的样子：在环阶专注听讲的他，在端升楼开社团例会的他，在梅二楼下卖力宣传的他，在文渊阁备考法考的他……举目所至，皆是他。奇怪的是，尽管大多数时间他并不与我朝夕相伴，可当我也恰好做着他曾经做过的事情时，他的气息仿佛就环绕在我身边，安心而圆满。这份专属甜蜜不足外人知晓，而见证者不过是法大的一草一木、一砖一瓦。

在一起五年了，可真正算下来面对面相处的时间其实并不多。前三

▲ 毕业照

年我还在昌平校区，而老姚是日常出差周末回京的低年级律师。那时候只要时间允许，他会在周五赶回北京，再匆匆从机场回昌平看我。不忙的时候，我们会去万科看场电影，有时候也会到水库转转，再一路沿着山路走下来，去东门开了多年的老店里觅食。而记忆中，这些难得的时光也经常奉献给加班与复习，我们找个教室一待就是一天，做好各自的分内事，然后像同龄的校园情侣一样，牵手去食堂打饭。

老姚不出意外地成为我整个大学生活的引导者与陪伴者。对于我彼时正在经历的生活而言，他已是过来人，明明早已品味过学生时代的幼

稚与傻气，但他从未流露出不屑的态度。面对我"天大的"抱怨与求助，他永远会停下忙碌的工作，帮我梳理来自社团的人际关系，给我的论文一字一句批注修改建议，在期末季、法考期和求职季帮我疏解压力。他尊重我的生活，永远给我恰如其分的建议，鼓励我拥有独一无二的法大生活。而我也在尝试着成长，三年前他经历手术，我第一次学着陪床照顾别人；我也逐渐开始掌握许多生活的技能，得心应手地处理好两个人的日常琐事。他总开玩笑说，这是一场养成系的恋爱，因为他一步步陪伴着懵懂的小女孩变成了真正独当一面的大人。于是最近，他开始喊我"合伙人"，是为了更好的未来一起努力的合伙人。

▲ 毕业照

2021 年春夏，在收获工作 offer 和毕业证书的同时，我也收到了来自老姚的一枚戒指，我点头说好，他单膝下跪随后湿了眼眶。研究生毕业典礼那天，他正在外地出差，通过微信给我发来了消息。他说自己突然有一些后知后觉的感慨，看着小女孩一步步毕业有了莫名的成就感，未来的路上还是会有很多辛苦与不如意，但他会一直陪伴左右，与我携手同行，风雨不惧。

因为与我恋爱，老姚意外地比别人多享受了几年"赖"在法大的时光。如今我的六年法大生活画上句点，也意味着我们要一起真正地告别母校。硕士论文答辩那天，他在研院的教室外陪我，在临走时用力地回望，仿佛要将此刻的法大刻在心里。

就这样，我们在法大的爱情故事在我毕业之时暂告一段落。但我们身上属于法大的烙印却永远深刻，它印刻在我们两个独立的个体上，也注入在我们即将组成的新家庭中。所以，我们感谢法大，因为它是我们爱情故事的见证者，收纳所有细节，从头至尾；也因为我们是被法大眷顾的幸运之人，被缘分指引遇到真挚的伴侣，在这里相信爱并收获爱，指教彼此的余生。

和老姚登记结婚的那天下午，我们从民政局出来便直奔研院，在校门口

▲ 结婚照

的牌匾前举着结婚证，拍下了一张照片。是因为这份初入婚姻的喜悦与圆满，我们只想第一个与法大分享。

愿我们每一次在法大的相望，都是不曾改变的风景；愿每一段与法大的相遇，都有无法言喻的深情。

琴瑟在御，莫不静好

尘 临*

这段爱情不是一条激荡震撼的奔流，没有那么刻骨铭心，也没有什么随意许下的山盟海誓，倒像是一泓蜿蜒的溪水，平静、清澈，割开冰层，冲散荒滩，击破岩石，曲折但又永不停止地流向远方。

大学校园里的恋爱多是来自一场巧合，他们分别来自不同纬度，却又同时来到军都山下，去开启一段充满未知和期待的旅程。那个昂扬的夏天，他们在百团大战里好奇地寻觅，在不同面试地点辗转来去，本是各自运转的轨迹，却交汇在他们踏进同一个社团、同一个部门的办公室的那一刻。那时，他们同坐在一张白色桌子左右，被安排在同一时间值班，她阅读着一本名为《岛》的小说，而他在翻看着办公桌上的《小王子》。

四年后，他们谈及开始，总会分享彼此不同的理解，也总是笑语盈盈。

在她眼里，真正联结起彼此的巧合，是在第一次值班工作之前，忙前忙后的她想找同部门同学换班，却阴差阳错地加上了明明是同时值班的他的微信，他笑着回答："换班是可以，但我们是同时值班的呀。"手机这头的她自认尴尬，不禁一番自嘲。

在他眼里，羁绊的开始却是一次部门活动时，当时的部长给每位部员写了一封寄语信。散会后，他在回宿舍的路上捡到了一封不慎遗失的寄语信，打开便是她的名字。

传统意义上的爱情故事，总要包含一些动人的、激情的或者曲折

＊ 本文作者系中国政法大学国际法学院 2016 级本科生，法学院 2020 级硕士研究生。

的、伤感的情节。遗憾的是，经过两人反复的探讨，着实难以找出值得大书特书的戏剧化的片段。现在回想，那些轰轰烈烈的故事可能并不是没有，而是在这个校园，在法大，在两人之间的日常琐事之中沉淀了下来。正如溪水一般，你无法把它截出几段，分别品味每一段的独特价值，因为它的价值就是它本身，由每一滴水组成的溪流甘甜而又清冽，没有哪一滴是与众不同的，在林间安静地流淌，它的美丽在流经的每一处浸润。

梅二楼下的等待、宪法大道上的牵手、婚姻法广场的相拥、逸夫楼的诵读与图书馆内的陪伴……两人的爱情和法大的每一处角落融合。用一句可能在法大流传了很久的话来形容："法大的爱情总是与生活捆绑在一起。"

每一场爱情都会有它独特的样子。在这小小的校园，他们经历着共同的培养方案、共同的学生社团、共同的就餐和休息、共同的操场锻炼，每时每刻都能够相互陪伴。日复一日的生活就像一个不断循环往复的表盘，时间明明在流逝又仿佛停滞，而他们在这场平静里，幸运地找到了适合彼此的相处方式。

2019 年夏天，他们共同决定考研，但专业志向不同，即使会前往不同的学校，也选择了互相尊重。考研的半年是通过互相磨合得以更加紧密的半年，在紧张的时间里，他们在陪伴的基础上需要激励和照顾彼此。早上两人在梅二楼下会合，一同前往法渊阁大厅背诵英语或政治，报刊阅览室开门后一同走到预订好的座位开始一天的学习，中午一同在食堂点好饭菜，播放一集共同爱好的动漫，返回图书馆趴在桌子上略作休息就开始下午的学习，最后在夜晚十一点一同在校园里短暂地散步，在梅二楼下拥抱分别。这段时间也出现过小的插曲。在她出现焦虑情绪后，她和他决定暂时各自独处，但他还会到往常自习的教室默默看一看她，最后她带了一包他爱吃的零食默默坐回了他的身边。这些情绪最终被无声无息地消融化解，并在两人都收到录取通知书的那一刻，转化为对彼此的珍惜和感激。

现在，很难再重温这样相互陪伴的校园生活，海淀和朝阳的距离虽然不算远，但更加繁忙和令人焦虑的研究生课业和工作，让他们见面的频率远远低于曾经的预想。短短一段距离产生的分别和相聚或许会带来更多的激动与惊喜，而他们也在新的生活里适应与摸索着。这天他们共同约在了一家书店，敞亮的落地玻璃窗旁有洒下的午后阳光。在咖啡的浓香里，他们回忆与感慨在军都山下的日子，留下了这些文字，然后共同奔赴人生接下来的旅程。

荏苒岁月里最好的时光

咕噜酱[*]

与老孙的相知相遇不是什么浪漫的故事。他外放而张扬，我内敛而羞赧。我们都对彼此颇有顾虑，因此在正式开始约会以前，我们几乎没有过关于辩论之外的任何交流。在追女孩这件事情上，老孙憨厚笨拙。他无数次用蹩脚的借口约我吃饭。送我回宿舍时，从北门到竹二短短的距离，他能东拉西扯地磨蹭半个小时。最后他借着思修课极不合时宜地向我表了白。我一边答应一边调侃："幸而是我，但凡换一个女孩儿，都受不了你拙劣的演技。"他没心没肺地冲我笑，"那不是说明你也喜欢我嘛"。

我的确十分享受与他一起的时光。他喜好诸多、涉猎广泛，因而带着我也有了许多不一样的体验。他是话剧、歌舞剧的重度爱好者，所以我们千里迢迢从昌平往返海淀与西城，从《孔子》《敦煌》到《北京遇上西雅图》，从《摇滚莫扎特》《糊涂戏班》再到开心麻花舞台剧。他从小在上海长大，精致细腻却十分接地气。他会拉着我到使馆区看一场小众展览，然后穿过寒风萧瑟的三里屯东大街，去找一家冒着热气的羊蝎子火锅店；他会带着我在故宫周边细长的胡同里骑行穿梭，看到排着长队的苍蝇馆子，也会招呼我停下车进去吃上几口掉渣的酥饼，就一碗热腾腾的羊汤；在校时，他常常主持晚会，而我坐在台下，满心欢喜地看着他在舞台上熠熠生辉；我入选模拟法庭校队后，他陪着我熬夜写文书，一如我们在辩论队时配合默契。和他一起的岁月里，我看到了偌大的北京城温暖、包容又多元化的方方面面，也真切体会到了法大带给我

* 本文作者系中国政法大学法学院 2016 级本科生。

的所有温情、美好与骄傲。

作为恋爱小白，我们也不免磕磕绊绊。因为是彼此的初恋，我们一度不知如何处理与另一半的情绪冲突。大二那年，我们刚开始辅修法学，激增的学业压力使我们争吵不断。我脆弱敏感却好胜心十足，繁复的课业、竞赛的失利、家人的不理解使我倍感挫折。老孙则一如既往地在学业与社团中如鱼得水，所以面对我的挫败，他无法感同身受。无数次鸡同鸭讲的对话让我几乎放弃和他走下去的念头，内心长时间得不到宣泄的压抑感也令我郁郁寡欢。但我十分庆幸的是，虽然彼时的我们幼稚又倔强，却都无比珍视与对方的感情。所以相比于离开，我们还是决定为对方做一些小小的改变。他努力尝试与我共情，学着在感情中更多地表现柔软和理解；我打磨自己的意志，学会更客观理性地与自己的情绪共处。我们终于找到了最舒服的相处模式，即使依然会争吵，但我们拥有了自愈和原谅彼此的能力，因此不曾再想过分开。

和老孙在一起大概是我大学五年做得最正确的决定之一。不是因为有了可以黏腻的另一半而终于迈入舒适区，相反，他让我保持清醒的自我，让我在人生的每一个阶段都有向上突破的勇气。辩论、模拟法庭、大创、实习、考研……在每一个挑战面前，他都是握着我的手为我加油鼓劲的人；他是我最信任的队友、最默契的合作伙伴。因为他毫无保留的支持，在法大小小的校园里，我找到了自己存在的价值和奋斗的意义。

▲第一次牵手，抬头拍到一轮皎洁的月亮

毕业那天，看着人声鼎沸的校园，我有些神情恍惚。宪法大道、法渊阁、拓荒牛、军都楼……那样热闹的校园里，每一处都萦绕着我们彼此相伴的记忆。我们在法渊阁占座自习、在环阶搬小板凳蹭课、在一食堂二楼点上一碗不要辣的冒菜、接过瓦罐汤阿姨友情赠送的排骨汤，在操场跑步时隔着铁丝网能闻到松园路一整条小吃街饭菜喷香，跑完步我们还会挽着手在夜幕中谈心许久……恋爱五年，出行时他依然很执着地牵着我的手。初次牵手那天夜里少年掌心的温度和宪法大道上吹来的徐徐微风，依然是我心中永远无法替代的温柔与牵挂。

荏苒的岁月像火车般轰鸣着向前驶去，回忆如风般穿过我的指尖

▲吵架后老孙送来求和的花

停留在了过去的某个时刻。但青春里懵懂的爱情和初见时的心动，却化作了漫天繁星中最闪耀的一颗，镌刻在了我们与法大最美好的五年时光里。即便离开，我也永远，永远怀念。

爱情札记

胡梓聿

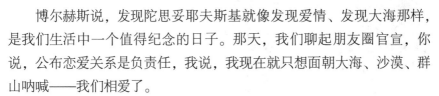

男主：尹　丰，中国政法大学国际法学院 2017 级本科生。

女主：胡梓聿，中国政法大学国际法学院 2017 级本科生。

博尔赫斯说，发现陀思妥耶夫斯基就像发现爱情、发现大海那样，
是我们生活中一个值得纪念的日子。那天，我们聊起朋友圈官宣，你
说，公布恋爱关系是负责任，我说，我现在就只想面朝大海、沙漠、群
山呐喊——我们相爱了。

大四返校，本打算安心复习考试，平淡地度过在法大的最后一段日
子，却未曾想天赐大礼，后来发生的一切就是"Serendipity"（意外发
现珍奇事物的运气）这个词最好的诠释。之前虽然我们在同一个实验
班、同一个田径队、同一个法语课，但几乎零交流，我忙着追忆白月
光，你忙着和前任谈恋爱。但我们还是隐约注意到了对方，在朋友圈极
偶尔的点赞和评论中，发现彼此有非常相近的阅读趣味。而刚好在大四
这年，我们从过往中离开，带着对感情的探索与反思走向对方，我们的
第一次聊天，便从陀思妥耶夫斯基开始。

后来，我们常常在法渊阁地下一层的文学区域流连忘返，在一卷卷
传世名作旁偷偷亲吻，同时也多次探讨，文学能带给人什么。抛开拓宽
体验的疆域、挖掘人性的内涵不谈，陀氏的小说，对我们感情最大的助
力，便是"坦诚"二字。书中动辄数页、如海啸飓风般的人物自白，
虽对阅读造成障碍，但却引导我们主动向对方剖析自己的思想轨迹、心
路历程。毫无保留地向另一个人敞开自己的内心很难，试探着、摸着石

头过河般吐露深埋其中的纠结、恐惧、渴望与忧患，卸下所有防备，鼓足勇气，将自己不敢轻易示人却在幽暗中怦怦跳动的心供呈至那人手上，唯恐迎面而来的是屠格涅夫听了陀氏忏悔后冷峻的沉默。何等幸运啊，面前那人回之以同等的热情，震颤重重山峦迎接滚滚浪涛的到来，松动土壤接受汩汩清泉的滋养，生长出的每一株嫩芽都望向浩渺宇宙中不知名的行星。一颗星球上生命的总和与另一颗星遥遥相望，在无尽的虚空之中，挣脱开物理束缚，向着那遥远又触手可及的地方，奔赴，碰撞。

▲法大人马拉松

刚遇见那会儿，我们饭后一圈圈地绕着法大校园散步，聊天，有说不尽的话。很难想象，在十公里法大人马拉松要跑六圈的校园里，一天竟能走出三四万步。你舍友戏称我拉你去跑了个半马，检测你心率如何。最初遇见那天，我们就一起在操场跑步，跑完去清真食堂吃热腾腾的砂锅，你喜欢吃微辣羊肉，我爱吃西红柿牛肉。不过后来我也觉得微辣羊肉很过瘾，再来一杯奶茶大叔的金桔柠檬就完美啦。准备法考主观题前，我们依然持续着这样高强度的对话活动，你后来笑着说，每次出去散步，都像是跟电脑里的向高甲永别了。

那时无数次感叹，两个人何其相像，遇见彼此是多么幸运。你在给我的第一封信中写道："每次我们交流完，我能感受到自己前二十年的积累、经历都是为了在这一刻遇见你，你就是那面能映照出心里那些主观亮点的镜子，衡量我过去生活的维度。"这也是我们在一起的初衷：一个人不再是孤芳自赏的孤岛，而向另一个生机勃勃的岛屿靠拢，连成一片广袤的大陆。

毫无疑问，对于没有任何实质感情经历的我来说，是你教会我爱为何物。刚在一起那会儿，我常常想起"爱是恒久忍耐又有恩慈"这句话。我认为自己的外貌、性格等方面存在缺陷，从未奢求有一个人能够无条件地包容这一切，温柔耐心地倾听我诉说烦恼，毫无怨言。而我慢慢也学会了如何关心你，照顾你。虽然《亲密关系》那本书太厚读不完，但我们从每次产生矛盾又及时化解的过程中，总结出了两人相处的最佳模式。

或许是源于一贯的理想主义，或许是长久浸泡在文学作品中使然，我初次恋爱便希望触及爱情最纯粹的模样。然而，当爱情从轰轰烈烈走向平平淡淡，当我们从高山流水走向柴米油盐，当爱情的巨轮触到现实的暗礁，当我们慢慢发现，对方并非自己最初所想的那般灵魂相通、心神契合，这时，考验才真正开始。我们吵架了，产生龃龉了，问题不再是坦诚谈心便能化解的了。还记得最初，我兴奋地向朋友宣布，"我遇见了一个人，他懂得我每一个想法，他说的每一句话都踩在我的点上"。但后来，落差就产生了。我不能做到你心目中乐观开朗的样子，你也无法次次带给我所谓精神交流的快感。或许这就是现实，再理想的伴侣，也不会事事顺你心意。但我们从未想过分开，似乎总有一只无形的手推着我们走向一起，携手奔赴远方。后来，我们一起去无锡——我曾全马完赛的地方——完成了你的首半马，你赛后感叹，"愿在人生马拉松中，我们也能幽谷上升，高山下降，坎坷曲折之路成坦途"。

如今，我们远隔重洋，此前的朝夕相伴变成了隔着时差的视频通话。有时，半梦半醒间，忆起过往的点滴，好似伯格曼或布努埃尔电影中不明不白的梦境，钟表失去了指针，我站在遥远的地方看着两人在格物楼后拥抱，细密的吻被雨滴打湿了，爽朗的笑声裹着呢喃与叹息滚落在泥土

▲ 明信片

里，抚在眼前人脸颊上的手指缝中爬出了蚂蚁。转过身，越下越大的雨阻隔在我与那二人之间，我在原地踟蹰不前，而背后的一切却瞬间远去。

▲ 明信片

对于我们来说，异地的考验才刚刚开始。这个年纪，仿佛身处小径分岔的花园，走一段路就要做一次选择，却不知道最后能否走到出发时心中惦念的远方。

其实，最初的最初，我们走向彼此的道路上也充满坎坷，那时你说，"我们彼此的相遇、相识、相知和相爱是偶然中的必然，如米兰·昆德拉所说，永远不要认为我们可以逃避，我们的每一步都决定着最后的结局，我们的脚正在走向我们自己选定的终点。是啊，遇到或大或小的波折，我们都没有选择逃避，相信我们的性格与精神能带着我们穿过荆棘，捧起美好的金蔷薇"。那么，面向迷雾中的未来，愿我们也能够继续一同携手，步履不停。

毕业纪念明信片上，我们留下了两句话，送给我们，也送给所有正在路上的法大人——

So we beat on, boats against the current, borne back ceaselessly into the past.

花满渚，酒满瓯，万顷波中得自由。

情深缘浅

那秋风吹凉的地方

那片我曾经吻过的地方

——摘自海子《给B的生日》

赏姚传芗《寻梦》 忆学院路情踪

李秀梅*

2021 年 3 月的一天，我在哔哩哔哩网站无意邂逅昆曲传字辈老艺术家姚传芗老师晚年的影像资料《寻梦》，顿时"路转粉"。这一段 11 分 55 秒的小视频特别"于我心有戚戚焉"，尤其契合我参加共读《牡丹亭》活动时的心境，亦成为我当前学习和思考时"循环洗脑"的"雅部正声"背景。

《寻梦》是全剧五十五龄中的第十二龄。杜丽娘游园惊梦（第十龄）以后，留恋梦境，寻思辗转，竟夜无眠。翌日清晨，背着丫鬟春香，重至花园，按梦中情境寻觅梦痕。按照汤显祖的原意，春香去见老夫人之后，难得独处的杜丽娘即展开一连九个唱段的"独角戏"。姚老师的《寻梦》只包括"忒忒令""嘉庆子""尹令""江儿水"四段，分别对应杜丽娘（回忆）游园、"等闲间把一个照人儿昏善"的柳梦梅入梦、两人欢会于牡丹亭畔、她因"抓不到魂梦"而决意死后葬于大梅树下。即使布景相当简单，姚老师已经门齿漏风，他的字音不是我习惯的普通话版，但"淡雅宜人，秾纤合度"的演唱却令我百听不厌、常看常新。弹幕上"绝了"两个字正是我这个外行的心声。

"法大爱情"，多么富有青春气息和浪漫情调的主题！可是，我在法大收获了爱情吗？当然，婚姻，毋庸置疑地更是"冇得"[1]！不过，自从 1986 年 8 月底报到之后，我的一切便可谓都与中国政法大学关联上了，无论直接或者间接的关系。时逢母校七秩华诞，倘能送上一点小

---

* 本文作者李秀梅，中国政法大学政治系 1986 级本科生。

〔1〕 方言，意思是没有。

小的礼物，反正已过知天命之秋，那我就恰如一位优秀校友所言"要敢于亮丑揭短"，一定"撸起袖子加油干"，拼凑一些文字不惧贻笑大方，"家丑外扬"地奉上。于此，即以《寻梦》的唱词为红线，搜索自己与母校有着千丝万缕联系的"情史"，且滥竽充数一回吧。

【忒忒令】那一答可是湖山石边，这一答似牡丹亭畔。嵌雕阑芍药芽儿浅，一丝丝垂杨线，一丢丢榆荚钱。线儿春甚金钱吊转！

这一段文字让我想起在学院路 41 号（今西土城路 25 号）那狭小的校园内，图书馆背后一个半圆形的区域（而今那一带已经华丽转身为高大、恢宏的教学图书综合楼）。记忆之中，那里曾经有一片"小滇池"、一座六角的湖心亭，至于配些什么植物就不记得了。2021 年 5 月 3 日，我专程去寻访往昔。

骑至明光桥下、停观马路北边仿佛截去顶部的金字塔一样的土台时，关于法大的记忆就打开了闸门。咱们的校园不大，非常之小。所以，小月河靠近母校一带，如今官方命名为——元大都城垣（土城）遗址公园（海淀段），从来都被我们视为校园天然的一部分。沿着小月河北行，过了桥，洋槐花的香味扑鼻而来。对了，往北一直到最北端，种着许许多多的洋槐。虽然盛花期已过，芳香依然可闻。1988 年 5 月 8 日之后，1984 级的外系师兄 D 曾经带我多次在那里流连、徘徊。河东岸，一长溜杨柳在风中摇摇摆摆，草丛里不时能看到飘落的榆荚，"蓟门烟树"那里杠柳紫蜘蛛一般的花儿在风中吊转。虽然已过了"姹紫嫣红开遍"的时节，还是有花可观：各色的蔷薇、鲜艳的月季、紫色的马蔺、楮树黄绿的雄花和球状的雌花。任五月初醉人的熏风吹拂我的脸庞，脑中闪过印度、新加坡等国因为疫情遭致的各种困窘，我真心感叹自己是面对着"春色如许"的"良辰美景"、采风即是"似水流年"的"赏心乐事"。

进入校园，顿有回家的感觉。请 9 月份开始读刑法博士、正在为漂亮女友拍"法治天下"的小校友给我也拍一张，当作我和永远的校长江老师的合影。读本科时的联合楼、7 号楼、礼堂、图书馆先后不见了踪影。食堂西边正有工程，要盖新的学生食堂。估计我们的食堂（舞厅）不久也该"寿终正寝"了。好在我读研时的3号楼和D读研时的1号楼以及我很少进入的2号楼安然无恙。一观望，发现1号楼门前有三棵大榆树（现在都被削了顶），3号楼门口也有一棵瘦高的榆树，楼北还有一棵大柳树正在"摇漾春如线"。上学7年，对这些植物根本就熟视无睹，此番回来，倒是看得真切。回母校一趟对极了：《寻梦》的许多唱词皆出人意料地落实了，我就不必虚虚地写一点漫漶不清的记忆和呓语。

进入安静而干净的1号楼，上3层，右转，婵娟于该茕茕孑立于哪一扇门前。曾经共眠过的"牡丹亭"，居然忘得这么彻底！斜对面女厕所墙上"是扯卫生纸 不是扯哈达"的提示，倒是让我笑出了声：这是在影射或者拷问我和D共处的那些日和夜吗？哈哈！我永远记得3号楼315房间。上次看见它变成了国际儒学办公室，这次门上却寂寂地空空如也——令我联想起那位来访某位同学不遇、靠在门旁自称是"潜伏"的先生。

我和D一起泡过图书馆，只记得常常需要抢座。我们都特别讨厌那些在图书馆里卿卿我我、大声"交头接耳"的同学。要展开交流，要谈情说爱，最好到室外。我们去过湖心亭吗？具体谈了些什么？压根儿断片。但是，对了，还是有话可说的：我记得D的毕业论文与揭开公司面纱有关。因为这个缘故，当需要我临阵磨枪、赶鸭子上架地讲授《公司法》时，讲到这里我会比较轻松，有一种熟悉的感觉。于是，在"公司人格否认"上，我和D再会了。

为了给图书馆所在的空间拍张照片，我进到1号学生公寓前面的小花圃。哇塞，除了种有桃树、紫叶李（估计寓意着"紫气东来""桃李满天下"），那里居然还植了一片牡丹（花儿刚刚凋谢）、一片芍药（不是"芽儿浅"，花儿正在怒放）——这和我事先拟好的《寻梦》线索竟然不谋而合得如此丝丝入扣！当然，这些植物，跟D和我的故事已然无关。

再回转1号楼打点热水充饥止渴对付柳絮、结束8个小时的"探班"时，欣喜异常地发现：那座湖心亭，移到了科研楼的西北角，恰好斜对着3号楼。哎呀，我的"图书馆"，找到啦！

【嘉庆子】是谁家少俊来近远，敢迤逗这香闺去沁园？话到其间腼腆。他捏这眼，奈烦也天；咱嗽这口，待酬言。

冲咱而来的少俊，好像都不曾在校园里逗留——这里的"沁园"，是校外的那片空间。北大流体力学系 1985 级的 C 来过、南开大学学计算机的湖北老乡 L 从天津来过、高三时最后的同桌从武汉来过。后来，D 蓦地闯入咱的视野之后，"近水楼台"的他"迤逗这香闺去沁园"的次数，虽然不能说是数不胜数，咱却真不记得他到底怎么样"奈烦也天"、俺如何"待酬言"地"腼腆"了。那些当初比天还大的笑容、眼泪和忧虑，如今统统早已成过眼云烟！

【尹令】咱不是前生爱眷，又素乏平生半面。则道来生出现，乍便今生梦见。生就个书生，哈哈生生抱咱去眠。

青春时的我，持有严于杜丽娘洁身自好的自我规矩。同去"沁园"多次，年满 20 周岁之后的我和 D 首会"牡丹亭"，约摸着是在小月河东岸、蓟门桥北边如今那一圈休息台西边的坡地。那里现在植有丁香、连翘、榆叶梅（"梅子磊磊可爱"，煞是罕见）。俺，虽是《牡丹亭》创作 400 多年之后的现代女性，故地重（独）游，仍然不免想起杜丽娘对柳梦梅的千叮咛万嘱咐："妾千金之躯，一旦付与郎矣，勿负奴心。"变，是不变的真理。虽然我们曾有六年"牡丹亭，娇恰恰；湖山畔，羞答答；读书窗，淅喇喇"的"南来北往"（他是河南人，我是湖北人；他毕业后曾去南国谋发展，我一直待在北京），1994 年的金秋时节，在党校主楼前面，我终于收获了一句分手时"以后你有事找我"的"要约"，我自无"承诺"。一刀两断，各自为安。不过，既皆生活于帝都、地球村，耳畔偶尔会传来 D 于"阳关道"上的各种消息。

【江儿水】偶然间心似缱，在梅树边。似这等花花草草由人恋，生生死死随人愿，便酸酸楚楚无人怨。待打併香魂一片，阴雨梅天，啊呀人儿嚇，守的个梅根相见。

　　亦是因为要完成同学闺蜜的"命令""强说愁"，俺才会有这"偶然间心似缱"，在电脑边。工作、生活了 29 个年头的党校校园，也是袖珍得紧，不过这里的乔木、灌木、花花草草真比法大校园更是"由人恋"。自由了三年多之后，经由 D 的同班同学（她嫁了一位南开毕业生）介绍，1998 年 5 月 8 日晚上，我在紫竹院公园和她先生的同学 Z 相见。后来我们喜结连理，我实现了 30 岁结婚的人生规划。两个湖北佬，真是九头鸟！两年多的时间，我忐忑经历了一些可谓"生生死死"的考验和不可言说的"酸酸楚楚"。天要下雨，娘要嫁人，随他去吧。我嘛，去匈牙利罗兰大学做访问学者；一年疗伤在外，快乐、轻松得不要不要的。2001 年 9 月 10 日，在"9·11 事件"之前，我健康、安然地归来。

　　回国后发现"与时俱进"陡然成了一个妇孺皆知的高频词。我也与时俱进地改变教学方法，尝试以纯粹案例法为一个乡镇党委书记班讲《合同法》。为了解情况，我去跟一位密云的学员交流。"李老师，您还找吗？"我们聊得融洽，她突然非常热心地这样问我。"当然啦！"不谈恋爱、不结婚，如何合法地延续我的遗传基因？不久，5 月 14 日，我和密云土生土长的 Y 先生在新大都饭店相见。后来，我们结婚，我们基因中较好的一面皆成功地遗传给了孩子。幸甚！

　　2021 年 5 月 4 日，庚子年之后辛丑年的青年节。固守着姚老师的《寻梦》，我也来老妇聊发少年狂地痴人说梦：希望将来不违法地投入一位法大（男）人的怀抱。如此，无论"阴雨梅天"，抑或"最撩人春色是今年"，也算我对法大耿耿于怀、心心念念。我的爱情，始于法大，终于法大。一个爱情的闭环。爱情的新生地点，即 3 号楼门口腊梅边——那里居然仿佛为我新植了两棵长势喜人的腊梅（腊梅也是梅），或者几步开外的湖心亭；日子嘛，锁定 5 月，就在 16 日——母校校庆日！此乃可能的俺自编自导自演的中老年版《寻梦》！

致敬，爱情！

陆　静*

我们是学院路校区的最后一届本科生。1987级开始，学弟学妹们都被悲惨地"发配"到了距市中心较远的昌平校区。20世纪80年代中后期，物质还相对匮乏，没有物质的捣乱，三观就比较容易一致，精神显得功能强大。当时风靡的港台流行歌曲，词儿都写得极棒，为任何低落的情绪都能匹配上合适的表达。女生们偏爱舒婷、席慕蓉、琼瑶和三毛，男生人人沾染着金庸、梁羽生描述的侠气。当时西方哲学很盛行，感觉没看过《国富论》、不懂尼采都不好意思说自己是大学生。每个人的血脉里都流淌着激扬文字挥斥方遒的冲动。大学爱情，"纯真"是最醇厚的底色。不畏将来，不念过往，只要恋爱了，就是一副"你的未来我奉陪到底"的架势。相信每一位1986级本科的同学都对大学有很多的记忆。宏大叙事各有各的说，我只说说"关于爱情"的微观形而下。

每次同学聚会，"那时候……"总是个绕不过的话题。而大学同学聚会的"那时候"，也往往逃脱不了谈论爱情。大学里的爱情故事大多是我们校友间互相传播，很容易对号入座，所以事先免责声明：如有雷同，纯属虚构；如未雷同，所有的爱情，都永垂不朽。

那时候北京的天是湛蓝湛蓝的，夏秋之际，特别配得上"秋高气爽"四个字，后来再去，再也没有见过。那时的法大除了教学楼还像那么回事，其余实在是一副破败的样子，后来再去，全都焕然一新，那些破败反而成就了一种想念。当时辅导员老师管得很严，发现校园恋爱总要苦口婆心劝说一番，但没人当回事。于是那些劝说就如同风，也就那

---

* 本文作者陆静，中国政法大学政治系1986级本科生。

么吹走了。教我们的老师，后来好几位成了学术大家，但印象不是很深。倒是曾写出"面朝大海　春暖花开"的诗人老师，在逝世的三十余年里，不断被景仰怀念。当然，还有那位永远的校长，尽管微跛，却永远站立着的形象一直铭记我心。

最懂爱情的，是法大门口那条叫"小月"的人工河。河边有一片绿绿的大草坪，学校晚餐开饭时间早，饭后的黄昏，是约会最好的时光。最留住恋人脚步的，是研究生宿舍边上的树林，清风摇曳的树叶，发出沙沙声，掩盖着爱的呢哝。若干年后，出差去京，与同学再回校园，说了许多的人和事。有些还被指认为参与其中，却怎么也记不起来了，被调侃："莫非你没有在法大上过学？"然而，那些关于爱情的神话和现实，此刻，在记忆里不断被唤起。

555 宿舍是两个班的混合寝室，八张床住了六个女生。到大四的时候，有五个在恋爱中。每个人的男朋友大家都叫得上名字，呼来唤去就像自家的兄弟。

W 的男友是法大 1985 级的学生，东北人，生得帅气，脾气温良。宿舍里女生们每人为自己置办了一个漂亮的床帘，床帘里就是自己的世界。最经典的画面，就是 W 的男朋友在床边，脚踩在凳子上，头钻在帘子里，两个人说着好似永远说不完的话。T 的男友是其他学校的，他的爱好是摄影。那是一个夕阳西沉的傍晚，我们穿着最平常的衣服，欢笑着蜂拥而出，洋溢在脸上的青春被他一一捕捉。不夸张地说，当时这组照片成为大家此生最最喜欢的照片。F 是地道的北京女孩，演绎了白雪公主对乡下小生不离不弃的爱情故事。她的男友毕业后回到闻名全国的树挂故乡，为了爱情又下定决心做北漂。之后两人在北京定居恩爱结婚，现在已经是双双事业有成。

X 是我们宿舍最聪明的，其实也是迄今我认识的人中最聪明的一个。20 世纪 80 年代流行校园民谣，会弹奏木吉他是"最飒"的技能。感觉昨天她刚借了把吉他瞎拨弄，没几天就能弹出调调，跟得上哼出来的歌曲了。她读书不大用功，但天分高，每次考试前借笔记随便看看就能过。她是北京生源，但周末经常磨磨蹭蹭才回家。后来得知，她的父母经常吵架，原生家庭的不幸使她尤其渴望得到友情，还有爱情。大三实习时，她告诉我们，她和一个在学校附近的工商所的人恋爱了。后来她一毕业就结了婚，成了我们班最早结婚的，还生了个漂亮的女儿。再后来听说她离婚了。几年前，班里建了个微信群，唯独她一直迟迟没有进群，有说她失去联系了，有说她不愿意入群。某天她在群里短暂出现，说了一通似有玄机费解的隐晦话退群了。没过多久，听到了她患病去世的消息。世事无常，令人唏嘘，但安慰的是，有个爱她的人一直伴随左右直至最后。

1986 级上海生源不多，L 和 J 是其中之二。起初每次放假，上海同学都买同一班次火车一起来回，经常是一考完试就开拔，归心似箭，成绩等开学再看。慢慢地，L 和 J 有意无意地错开了与大家同行的时间，成了一对。他们是高中文科班同班同学，但因来自于不同的提高班，班与班之间是竞争对手，即使文科同班，也很有气节地老死不相往来，是法大慢慢黏合了他们。当时法大条件差，经常停电，让他们可以毫无心理障碍地坦然不学习，去北太平庄吃吃炒肝或者去西四看场电影。北太平庄离学校近，西四距学校有六七公里，也不知当时脚筋怎么会那般健壮，好像还常常是步行的。一路上，旁敲侧击地想诱导出一些道听途说却又不甚了了的恋爱前世，两人名字的拼音首字母正好是首尾反向一致，暗合心意，归因缘分。总之，努力把爱的蛛丝马迹搓成结实的大麻绳。毕业后双双回沪，八年恋爱长跑后结婚生子，每每大学同学聚会，他们爱的小琐碎总归是必须上桌的"下饭菜"。

记得谁曾经说"少年青年个个是艺术家的坯，诗人的料，英雄豪杰的种"，真是应验的。大学的爱情，尤其是全国招生的大学，会受到就业、地域、文化等影响，不能用婚姻的维度来衡量爱情的永恒。高晓松曾经在他节目里讲过一个观点："年轻时感觉爱情重要，但随着时间的推移，退让给人生更为重要。"而今五十倏忽而过，我仍旧相信，那些校园爱情无论后来变成了什么样，但在当时，清冽如泉，浓烈如火，永远是四月天飘扬不凋的花瓣。

不负相思

刘　铁[*]

启明星乍现，天色渐明，西边还有淡淡的残月，天空中一缕缕的云朵，仿佛缂丝般变幻着朝霞的光彩。

醒来之前的梦中，她依旧穿着那件咖啡色的短大衣，与我一同经过七号楼后面那条煤屑路，地面上的残雪映射出薄凉的微光。我们说的话记不太清了，只记得她的脸庞随着掠过的路灯在忽明忽暗地变换，有时会看到一个微笑的眼神，有时是一对浅浅的酒窝……

我不见她，已有三十多年，估计到彼此老死，也不会再相见了。梦正其时，我躺在床上做梦，她也许在地球那边正吃早饭，我的梦，又与她何干？因为梦引来的思念，谈不上对不住谁，我心安理得。

记得大一入学时，仍历历在目的是一对内蒙古籍的情侣，每天如同登临圣殿一般，手挽手来到食堂，都穿牛仔裤，蹬马靴，男的齐秦式爆炸头，女的长发及肩，俩人长相、身材、气质都极其般配，堪称校园爱情教科书级别的走秀。这也引得不少男生青涩的春心纷纷拱动，晚上开卧谈会时由这一对情侣开题，谈到对爱情的种种憧憬。

作为一个已经心怀"爱情"的人，也常常有舍友问及我的"经历"。所谓心怀"爱情"，其实是个非常主观的体会：那时高中晚自习，到了八九点钟，教室的同学就会出去吃点东西。那天我因为做题，没有出去，她也在前面做题。我停笔坐在后排，忽然觉得天地间只有两个人，连卖大饼的都不见了。从此以后，这人就变成了"心上的她"。

舍友们热情洋溢地献计献策，让我早晚得把这女孩带法大来让大家

---

*　本文作者刘铁，中国政法大学政治系 1986 级本科生。

瞅瞅。从此每周开始写一到数封信，从学院路骑车到西三环找人家攀谈，女孩终于答应某天晚上来小礼堂听一个哲学讲座。

座席上我频频瞥见她正襟危坐的身姿，讲座从头至尾，两人未交谈一语。讲座完毕，我邀请她到七号楼宿舍坐坐，舍友们争相围观，记得还有人和她提到了尼采的"酒神狂欢"。之后我送她回学校，经过那段煤屑路，我"精神抖擞"地滔滔不绝，她只是含蓄地微笑着……这一段路过眼的事物，不知为什么，至今仍如此清晰地呈现在脑海。不知几层的水房里，有个男生用假嗓子唱美声，脚踩在雪上吱吱作响，食堂边破棉被捂着一排大白菜，澡堂那边光秃秃的杨树杈上有个很大的枯树枝搭成的老鸹窝……

回到宿舍，舍友们的评价是"不看好"，有人说这女孩进屋"眼珠乱转"，你"老实巴交"的，驾驭不了她；还有人说她"反应快"，一看就是心眼儿多，你控制不了她……我也奇怪了，怎么刹那间舍友们人人都成了"老司机"？这谈朋友又不是马戏团驯兽，还必须"驾驭"或者"心灵控制"吗？

不久，"噩耗"传来，她非常客气地拒绝了我，因为我不够"内样"（请允许我借用一位北京大妞的方言）。我去信写到："'内天'是十三号，周五，天呐，塌了！我心情郁闷地跟家人去了西山卧佛寺游玩散心，晚上打麻将，情场失意，果然赌场得意，我一直和牌……"她回信让我去她学校一趟，又问了一遍打麻将的事情，抿着嘴角，不然估计就笑喷了。缓了半天，说："你少来这套，又不是一刀两断……"

自此我的"恋爱"转入地下，明里我和她是彻底断了，让舍友们也踏实放心，暗里还每周写信，有时也去找她聊天。毕业后多年，在同学饭局上了解到，这时八六级同学们也从此暗流涌动，开启相思或恋爱之旅。还有些，也是我目睹的身边事，但为今天好好继续，也为明天好好继续，在下面的叙事中，隐去各位高贤姓名，也不以拼音字母代替，让人有任何猜测的余地，就以三个音的希腊字母代表其人，如有雷同，纯属巧合。

α（Alpha）热情似火，性格奔放。β（Beta）沉静内敛，寡言少语。听说都先后向某位女生表白，结果是被拒绝。这经过虽然只两句话就能概括，但对一个人的好感却是由一点一滴汇成涓涓细流，再一天天与日俱增，如同夏日怒生的雷云，终于心潮澎湃，树欲静而风不止。而另一方却浑然不觉，也许也可以说，这是因为一方隐藏得很好，只有不在对方视野中时，才投去另一番炽热的目光。而找机会表白则更为艰难，既不能坦然造访，除了对方，羞于公诸任何人。可恼的是，又不知何时何地"宜表白"，暗中观察对方的一举一动，让时间在心脏狂跳中奔涌而过……

周作人在《我的初恋》里描写过，自己念书时常常有位邻家女孩来串门，看他写字。可他连女孩的脸庞都不好意思看，只觉得只要她在身边，就会格外地打起精神来写字。后来，邻家女孩搬走了，零星地听到她身世浮沉的只言片语。再后来，女孩得霍乱病死了。周在文中写到："我那时也很觉得不快，想象她的悲惨的死相，但同时却又似乎很是安静，仿佛心里有一块大石头已经放下了。"

这表白的经历也似乎和这文章相仿佛，没表白之前，是难以遏制的思念和憧憬，但又无能为力，无人搭救。终于鼓起一万分的勇气，虽然明知十有八九是被拒绝，会难受好一段时间，但心里的那块大石头毕竟能放下了。我可以想象出他们内心的煎熬，虽然无人知晓，但总归有一念尚存，思念也绵绵不绝。当希望被打碎后，如同暗夜失灯，水银泻地，然后默默忍受这番心如刀割，再开启另一段旅程。

γ（Gamma）在昌平校区遇到一位美丽女生，甜蜜了好长一段时间。我在γ宿舍见过这个女孩，留着两个粗黑的辫子，有时穿女仔背带裤，有时穿很有文艺范儿的长裙，两人在宿舍里笑逐颜开，对我们熟视无睹。临近毕业时，γ希望女孩考虑一下将来的打算，女孩说没有将来了，分手吧。可能觉得这样拒绝，γ不会死心，就又说了更狠的话，意思是你不行、你不配。γ从昌平校区一路哭着走回学院路，半夜全宿舍的舍友都纷纷安慰，无非是大丈夫何患无妻，天涯何处无芳草之类，然而兄弟情谊竟也能带来温暖、抚慰情伤。第二天，该吃吃该喝喝，不是表示没心没肺，而是用心爱过了，实在没办法。正如李宗盛唱的一首歌那样："莫笑我是多情种，莫以成败论英雄，人生的遭遇本不同，自有豪情壮志在我胸。"

还有在毕业送别时才表白的，我对你仍有爱意，我对自己无能为力。而且这并不仅仅是一个人的单相思，结局令人无限唏嘘。但"结局"之后，彼此仍会念着对方的好，虽然没有恋爱，但是对方所呈现给自己的，都是美的、闪闪发光的品格，真好。

学院路食堂曾经是周末舞会的场地，桌子两旁撤下，把仍有"炒三丁"菜香的空地，换成余音绕梁的舞场。有不少觉得自己舞艺了得的"舞棍"穿梭其间，邀请舞伴，但往往是三五个舞曲过后，都不再交换舞伴，有想跳舞或者学舞的女生，宁可同性互相结伴，也不愿应男生邀舞，直至曲终人散时，成双成对的多为情侣。

有一次观舞时，一位师兄看着舞池，神色有些落寞，低声感慨："等到毕业时，又不知道有几对儿分手了？"……追求还有自由，遇到现实时似乎总会受到"能多少钱一斤？"的拷问，真诚、善良、志同道合、温柔、默契、忠诚……这些品质，在遇到经济条件、物质条件、未来能否有优越的生活等现实问题时，也总貌似以卵击石，仿佛立刻就灰飞烟灭了。有人等不及另一个人的成长，去选择有更实际东西可依托的人，虽然也明知这些实际的东西对谁来说，都是来早与来迟的事情，但最终还是觉得"不能这样"，应该抓住眼前实际的。认为那些禁不住"拷问"的"去我弃者"，在今日之日、他日之日也会附属于实际，自然而来。然而经过多年以后，我们发现真理仍在鸡蛋这边，弥足珍贵，需要爱惜。当初鸡蛋和石头的比较，其实就是作茧自缚、鸡同鸭讲。

让人羡慕的，当然是有情人终于能天天厮守，毕业后也分到了同一个城市。其间，又有一多半情侣因为毕业分配原因，不得不分手了。去年，校友微信群里，有个八三级的老哥，说当时班里有五十多人，成了二十多对，毕业后离了若干，还剩十几对，如果没意外，算是白头偕老了。

也是经过多年以后，我才搞清当初食堂舞场有首特别动听的舞曲，是美国电影《斯瓦尼河》的插曲《故乡的亲人》，里面有段众声齐唱的片段，歌词大意是"世界上天涯海角，我都走遍，历尽辛酸。离开了我那故乡的亲人，使我永远怀念"。

我曾在食堂看到吃物质食粮的同时呢喃私语，互喂精神食粮的；还有下蒙蒙雨时故意一同撑伞，走在那段法国梧桐小道上的；有劳燕分飞，各奔前程的；也有曾经沧海，至今孑然一身的，少，但不是没有；更有当时"打酱油"的仗义男同学，为同班被甩的女同学抱不平，把负心人找来打一顿……时间从我们身边滑过，在"当是时"，无法了解"未来究竟如何？""我们会幸福吗？"这类解不开的问题，那就打起秉烛夜游的精神，高举理想之炬，让所有的有情人享受这一刻的幸福吧。

作为池塘之底，我的长相思和常写信，也有过让我欣慰的结果，那次，我们谈起各自从前的种种，不觉夜色阑珊，依依分手道别，我握了一下那只温暖的小手，颤栗心摧。此时月色皎然，街上空寂无人，我平生仅有这样一次口占一绝，做了一首小诗。

门，
关了，
门后面，
一千个联想。
那月儿照在楼梯上，
夜，
好长。

有室友打趣我：我唱的歌词有"记得那是夏季"，他们说"我怎么记得那是冬季？"，还有"那天晚上，有美丽的月光，你和我走在小路上"，也会有人问："那天晚上好像没月光，是个月黑风高夜。"——我没回复，心说"你们知道个啥"？这快乐无法分享，又因无法分享而更加快乐。

但之后再没有过这样敞开心扉，她的心像蚌壳那样闭着。她需要的还是更实际的依托，而在此之前，令她倾倒的，应该是更帅气的类型，比如那个长得像费翔的"大哥哥"。然而这在实际依托面前，也无足挂齿了。她后来作为陪同家属，去了美国，从此音信皆无……

大学四年之间，我用写信舒缓这相思的煎熬，本以为这已经是谷底，而没想到若干年之后，这已经不算什么，甚至还有些小确幸。而至今仍令我感念不忘的，是她拒绝时对我的尊重和关照，使跛者不忘履，盲者不忘视。

我一直以为像我这样"心怀爱情"的人，不会有让我心动的人了。但还是有过一次惊艳的经历，上大课的一位迟到女生，忽然让我屏住呼吸，不敢仰视，那画面就像电影《海上钢琴师》，本来录着琴曲，舷窗上忽然闪现出一位女士动人的侧影，随着海上薄雾，随着钢琴声，又倏忽远逝……我还在一个黄昏，看见她从一片松树林向联合楼方向走去，逆光中摆着手臂，既像渐渐远去，又像迎面走来，晚风中头发的边缘变成了金色的光丝。除了这两个场景，再没有进一步的交集了，此番经历，不可思议地让我心动，然而又是纯粹个人的体验，令我真切体会到了那句似乎在此可以引荐的格言："我爱你，与你何干？"

行文至此，不知如何收笔为好，最后决定还是引用一段沈从文的随笔作为结语，也是我最喜欢的文字。

朋友离我而去，淡白的衣裙，消失到深蓝暗影里。我不能说生命是美丽抑或哀戚。在淡黄色月亮下归来，我的心涂上了月的光明。倘他日独行旷野时，将用这永存的光明照我行路。

暗恋：羞于表达的爱恋

星 云[*]

前尘往事断肠诗，侬为君痴君不知。

莫道世界真意少，自古人间多情痴。

　　爱情是世间最伟大的行为，也是最需要勇气的行为，因为从陌生到熟悉，从交谈到两情相悦，不是爬爬军都山，遛遛小月河就能做到的，它需要冲破自身厚重外壳的裹束，突破心理上的种种压力，更要有俘获芳心的实际行动。所以爱情不仅是恋爱冲动的萌发，更是一种思想和行动的协作，只有想法没有行动，那就是暗恋；仅有行动而欠缺爱慕的心理，那纯粹是耍流氓。

　　在爱情上，思想的巨人行动的矮子被称为暗恋，属于有心没胆的那种。如果仅仅是把对别人的爱单纯地放在心里也就罢了，可是单纯的爱慕无法桎梏爱的冲动，为什么这种冲动没能表现出来？归根到底还是无法卸下自身厚重的外壳。把人家放在心里稀罕了千万遍，语言上、行动上仍然若无其事，表现得跟普通朋友没啥两样，生怕逾越了界限，引起误会，连最起码的朋友都做不成了。我估计，暗恋的苦处只有亲身经历的人才能体会，如果能把暗恋当成享受，那得堪为圣人了。

　　爱情是美好的，其中的甜蜜让亲历者难以释怀；爱情也是五味杂陈的，其中的酸苦辣咸也让过来人不愿回首。但是步入爱情，牵手情人，是生活的常态，也是适龄青年释放荷尔蒙的途径，更是人作为社会动物的一种求偶本能的展现。爱情是充满了味道和期待的，可是暗恋却是苦

---

　　* 本文作者系中国政法大学法学院 2003 级硕士研究生。

涩的黄粱一梦，它与爱情的缘起相同却与爱情背道而驰。暗恋充其量只是一个人的自作多情，它始于爱慕却以悲剧落幕。

暗恋是把对象置于虚幻的一种天马行空，真实的存在被想象的拟制所取代，优点被无限放大，而缺点却视而不见。暗恋犹如世俗与圣洁，魔界与神界，中间隔着崇山峻岭和银河星系，最近的距离却是最远的风景，最长情的等待却是最孤独的落寞。殊不知，暗恋往前一步，收获的可能就是爱情，即使做不成恋人，也可能是最难割舍的朋友。你的默默喜欢和苦苦相恋，就只是自说自话和不计结果了。

爱情虽不能说是勇敢者的游戏，但是徒有冲动却不配拥有爱情，爱情是头脑风暴与身体力行的收获，心里的渴望和远处的眺望看到的是爱情的预演，但是这出自导自演的戏剧却永远登不上大雅之堂。爱恋而不敢表白，是宁愿活在自己的爱情想象里，却不敢向现实作出任何表态。虽然不止一次想把台词变现，却始终迈不出登台的一步，无数次期盼表白的时机，可是在机会来临时却偷偷逃走。在爱情里，英雄抱得美人归，而弱者只能暗自神伤。

在懦弱面前，自卑功勋卓著。但凡不敢涉足爱情者，自卑是首要原因。在自己喜欢的人面前，自卑难免会有，但是追求爱情是每个人的权利，可贵的是有说出口的勇气和敢于表白的智慧。如果时时因为自卑而不敢直面爱情，这说明你根本没有放手去爱。权利是天赋的，但爱情不是赏赐的，追求爱情就是一个战胜自我的过程，如果只想着守株待兔，那只能与自己的真爱失之交臂。自卑与暗恋同生共长，与自卑为伴的人只能做着爱情的美梦。

爱情之苦在于相爱之人不能长相厮守，暗恋之苦在于所爱之人不能投怀送抱。但是这份苦楚怨不得别人，无法诉说又不甘愿埋于心底，曲折委婉的表达就成了发泄苦楚的通道。自古以来，与暗恋有关的诗词歌赋已然汗牛充栋，而世间的暗恋之例仍是层出不穷，怯于表白，羞于启齿，让多少人间美事成了痴男怨女的离殇，让多少本该收获圆满的爱情成了用来诉说回忆的断肠。俗世若无暗恋，人间要少几多情痴。

爱情是两个人的正剧，总会落幕。暗恋却是一场不会谢幕的哑剧，演给自己看，写给别人读。

最重要的事

王小思*

2006 年新生运动会赛场上，小思第一次见到阿清。

这个个头不算高、身材也略显单薄的男孩儿，从发令枪响的那一刻，就给人一副大概不会坚持跑完 5000 米的感觉。那天的天空从早上开始就阴沉沉的，比赛还没结束，就零星飘起雨点来。冠军冲过终点线，大家潦草地欢呼了一下，就纷纷开始找地方避雨，小思也撑开雨伞走下看台准备回宿舍。

看台后面，这个刚刚下了赛场的男孩儿一个人走着。小思看他抬手擦着头上不知是汗水还是雨水的水滴，伸过伞替他挡了一下，嘴里还不忘奚落一句："同学，5000 米呀！你这是跑了几圈？"

惊讶的神情从他深邃的大眼睛中毫无掩饰地流露出来，瞬间他的脸红了。"12 圈半我都跑完了呢"，他不好意思地笑着说，"就是成绩不太好……谢谢啊，不用伞了，我宿舍很近的，两步就到"。然后他步履匆匆很快就消失在雨里。小思在比赛名单上看到了阿清的名字和学院，她想："他是国防生呀，但好像不怎么能跑的样子。住 4 号楼，在法大这么精致的校园里，距运动场可不算近呢。"

刚入校"百团大战"社团招新时，小思报了农研会的支教部，带着志愿者给打工子弟小学的小朋友们上课听起来是件很有意思的事情。运动会结束的那天晚上是部门第一次见面会，在主楼地下室的办公室里，小思又见到了阿清。她热情地打招呼，他依旧是那份惊讶和害羞的神情。热爱支教的孩子应该都是温柔有爱心的吧，小思觉得。

---

* 本文作者王小思，中国政法大学国际法学院 2006 级本科生。

法大校园实在不算大，法大的学生也实在不算多，一旦相识，就好像有了无限的交集。小思和阿清经常在校园里遇到：食堂、水房、服务楼、图书馆，还有每周一次的社团例会以及支教活动中的一路同行。在打工子弟小学阿清给孩子们上体育课，教他们踢正步、站军姿。说起来法大的学生支教教体育有点好笑，但阿清每一次都特别认真，仿佛在完成一项了不起的事业。这些小学生们让阿清想起了自己的童年。他常常说，他来支教不是觉得有趣，而是真的想帮助这些孩子们多看看外面的世界，多体验一点不一样的生活。小思在教室里教英语的间隙往窗外看去，金色的阳光洒满阿清的全身，在孩子们的簇拥下他笑得腼腆而纯粹。那一刻，小思觉得，这个来自西南边陲大山里的孩子，简单灿烂得像个天使。

"阿清阿清，我喜欢你呀！"一次支教回学校的路上，站在摇晃的公交车车厢里，小思拽着阿清的衣袖对他说。大半年的相处让她觉得他们已经是无话不谈的好朋友了，然而阿清还是红了脸，有点惊讶甚至窘迫。

"不行不行，现在最重要的事是要好好读书好好训练，我从来没有想过要恋爱呢。"

"我喜欢你，我们在一起吧。"

"不行不行，我毕了业要回家乡，没法陪你留在北京。"

"我喜欢你，我们在一起吧。"

"不行不行，我特别穷，没有钱，拿着贷款和补助上学，怎么可以交女朋友呢！"

"我喜欢你，我们在一起吧。"

"不行不行……"

"没什么不行的，只要你也喜欢我，这就够了。"

小思至今觉得，阿清最终答应与她交往，大概只是因为这个太过温柔善良的男孩儿实在不知道该怎么拒绝这个有点霸道的女孩儿。

恋爱的季节，好像空气中都飘满了粉红色的泡泡。偶遇变成了相约，食堂、水房、服务楼、图书馆，出现的都是两个人的身影；选一样的通选课，一起背书做题一起准备考试。阿清出早操前会去教室替小思和她的舍友们占好座位，小思就在南方餐厅买好早饭等阿清一起吃。在周围人看来，一场没有经历过争吵再和好、分手再复合的校园爱情似乎有些无趣，而阿清和小思享受着这份小甜蜜小幸福，很呵护很珍惜。也许正是因为他们清楚毕业就要分开，所以更加用力想要把彼此捧在手心里，正如他们常说的一句话："我爱你还来不及，哪有时间和你闹别扭呢？"好好在一起，就是那一刻对他们来说最重要的事。

是单纯也好是懦弱也罢，一直以来两人表面上云淡风轻说珍惜当下就好，但其实他们都刻意在回避即将到来的分离，以及关于"未来"的任何问题。大四下学期，阿清按照统一的安排去部队实习，短暂的分别和无孔不入的思念让小思突然开始奢望和阿清永远走下去。

毕业典礼时，校礼堂大屏幕上《肆年Ⅱ》放到 2009 年国庆 60 周年中国政法大学国防生走方阵时阿清接受采访的片段，周围的同学们起哄欢呼，小思却泪如雨下。

"阿清阿清，你等我三年，我硕士毕了业就去找你！"没有排队等着校长拨穗儿，小思直接跑去了阿清身边。全世界的热闹都听不见了，周围安静得好像只有彼此的呼吸声。

小思面前阿清永远笑着，哪怕此刻的笑容好像有那么点苦涩。

"我们说好了呀，我回老家去当兵，你留在学校好好念书。我们都还年轻，后面的路还很长，重要的事情还很多。"阿清低下头，声音不大但语气坚定，一如当年操场上他跑进雨里的步伐。"我不会让你跟我回去的，那里现在太苦了；但再过几年，我相信，一定会好起来。到时候，欢迎你带着家人们一起来看看，告诉他们，所有这一切都有你……好朋友的一点点功劳。"

"可是我们这么好，你就不遗憾吗？"

"我爱你，所以不忍心看到你在艰苦的地方受罪；你爱我，所以你也能明白我一个大山里走出来的孩子想要建设家乡的梦想。遗憾，但我从没后悔过，无论是回老家的选择，还是和你在一起的这些时光。"

小思低声地哭着，阿清温柔地安慰着，这大概是他们距离吵架最近的一次，然而终究是直到分手的那一刻，他们依然没有舍得说出什么激烈的话。

毕业之后，阿清给小思寄来过一个包裹，是他用攒的空弹壳拼贴起来的一个爱心。还有一封短短的信："谢谢你在新生运动会上给我撑了把伞，虽然我没跟你提起过，但我一直都记得。所以后来在支教部的第一次例会上见到你，你都不知道我有多么惊喜。不敢相信咱们居然真的恋爱了，我觉得你一定是疯了，才会喜欢我这个傻小子。我很固执地永远在做着我心里最重要的事，无论是坚持跑完五公里，还是上好每一堂支教课，或者一心一意爱着你。我大学的每一天都像是赚的，在自己梦想的大学里生活，学着自己热爱的专业，做着自己向往的事情，陪着自己心爱的女孩儿……但我们终究都是会长大的，有更多更重要的事等着我们去做。要好好地生活、学习、工作，努力向上，以前很美好，以后会更美好。小思，谢谢你。小思，再见了。"

也许并不只有天长地久才是一段爱情唯一的结局吧。就像阿清说的，遗憾，但也没什么好后悔的；如果一切重来一次，大概还会是同样的选择。

又过了三年，硕士毕业，小思选择留在北京工作。闲暇的时候她会一个人回学校操场，坐在看台上，想起阿清，想起以前的故事。偶尔，她在新闻上也会看到阿清的消息，大学生军官携笔从戎，奉献青春建功立业。

很感激，我曾是你生命中某一刻，最重要的事。

很骄傲，当我看到了你在做，更重要的事。

词不达意

方小橳[*]

你知道乌鸦为什么像写字台吗？

为什么？

因为乌鸦像写字台。

为什么乌鸦像写字台？

因为我喜欢你不需要理由。

——《爱丽丝梦游仙境》

或许我喜欢你，就如同校园里为你挂起的那串风铃，我知，他知，你不知。

我当然喜欢你，没有让你感觉到，终究是我的不对。因为我在你面前总是表现得词不达意，所有的含糊不清与毫不在乎，所有的愚笨、词穷，都只不过是用来掩饰内心的卑微与胆怯。而你走后的校园里，总有陌生人像你，但又不是你。那时才发现很遗憾，毕竟那么喜欢。

我的脑海中还是会闪现你的身影。我会回忆起那些你应该都已经记不得的瞬间，我会想象，此时的你在偌大的城市有没有实现你的理想。

而此刻，我还会写下这尚且不能称之为故事的故事，只是因为，这一切都关于你，只是因为，我们都快要离开这里。所以我不再小心翼翼，紧张兮兮，我变得肆无忌惮，为所欲为。

如果一定要对这份心意定一个前因后果，那将会是一见钟情。初次的相遇，总是令人措手不及。如果可以重来一次，我一定不会让自己以

---

* 本文作者方小橳，中国政法大学马克思主义学院 2019 级硕士研究生。

那副样子出现在你的面前，短发、短裤、黑皮肤，你喜欢的样子我都没有。你第一次叫出我名字的瞬间，眼神相遇的那一刻，我极度怀疑这是法大为我准备的蓄谋已久的缘分。

班会上，你从讲台上走下来，步子停留在我旁边的那一刻，我紧张抬头的瞬间，四目相对，你第二次叫出了我的名字。还没等你开口说话，我便一个大跨步走上了讲台，手中的粉笔碰到黑板的那一刻就断了，我不敢回头看你的表情，怕你觉得我莽撞冒失，但我却还激动地以为自己和你心有灵犀。

很开心我终于了解了你，走近了你。稳重成熟的外表之下，是一份对于纯粹和美好的期望，是知世故而不世俗的坦荡，是现实主义之下对于理想主义的向往。我不确定我是否戴着滤镜去观察你，我只知道你对于我已成为优先系列。那些曾经的想象如今已有了具象，那个曾经不知天高地厚的女孩，现在也会为了谁而心花怒放，以至于红了脸颊，湿了眼眶。

▲曾让你我驻足的蓟门桥夜景

有句俗话说：坦坦荡荡是友情，小心翼翼是爱情。望着聊天界面打出又删除的文字，想到自己看着聊天记录忍不住上扬的嘴角，我就知道自己再一次落败而逃。时刻关注你的朋友圈动态，保存着你喜欢的每一张摄影照片，以至于有一次你发现我清楚地记得某张照片时，你惊喜地笑了，而我当时慌张极了。想让你知道，但又害怕你全都知道，装作一副再正常不过的样子，心里却希望可以再靠近一点点。

你偶然间提起燕池，我就去找遍了所有关于她的资料，听完了她所有的歌曲，尽管之后你说你只是单纯地听过几首歌而已。

▲与你一同看过的燕池的 live house

你说比较喜欢陈鸿宇，我之后的每一天都在查找他的演唱会信息，关注了一场又一场，尽管我知道我们没有机会一起去看其中的任何一场。

你说爱好摄影，我在图书馆翻阅了关于摄影的书籍，还显摆分享给了你，希望让你知道我和你有着那么些相同的爱好，尽管对于摄影，我的兴趣与技术与你远不在一个水平线上。

想来也是觉得可笑得不可思议，遇见你之后的我，竟然会觉得校园有点大。或许是因为每日与你的偶遇都是一种期待，或许是因为希望有一天和你漫步校园的时间可以再多一点，或许，只是单纯地想见到你。

一起去吃过的那家餐厅，之后我都选择坐在相同的位置，仿佛每一次都还能听到当时激动的心跳；一起去听过的那次 live house，总是会想起那刻回头时的相视而笑，总是会回忆当时身后有你站着的感觉，你问我站着累吗，口是心非的我嘴上说着不累，其实心里早已经不矜持地想把手臂搭在你的身上。现在想想，如果当时的我不那么故作冷漠，现在我们的关系会不会有什么不一样？

一直觉得如果有机会，我应该是个合格的恋人，细心的温柔，可爱的撒娇，整洁的家务，大方的社交，适度的无理取闹，总体上的善解人意。但是一切仿佛都搞砸了，我成了高冷而又幼稚的讨厌鬼，心里有着汹涌澎湃的情绪，展现在你面前的却是一个戴着人形面具的机器，极度克制与冷静，总以为太主动反而会被敷衍，所以只把想念和热情都收敛，望着你和旁人谈笑的样子，我竟然觉得远远地望着也不失为一种明智而满足的选择，尽管那时我的心里羡慕极了。

▲想带你看的"会发光"的铃铛

如果勇敢一些，在毕业典礼上是否可以同你合影留念，送给你那一份迟迟未送出的礼物；是否可以云淡风轻地同你诉说着那些怦然心动的点滴日常。那时，我们再次相视而笑，眼神里满是祥和与平淡，心中唯有对彼此最真挚的祝福。

关于我们，故事不长也不难讲，突如其来的相遇，始料未及的喜欢，顺其自然的再见，体体面面的散场。因为你，我默默在心里盖起了一座城堡，它见证着关于你的喜怒哀乐，它经历着关于我的兵荒马乱，它也曾期待着我们的携手同行，而现在它依旧在那里，但无关其他，唯有祝愿岁月静好。

　　你不知道今天的云有多好看，或许以前我想到的第一件事就是拍下来发给你，而现在我会期盼你那边天气晴朗。喜欢你不是三分钟热度，放弃你也不是三秒钟决定，是蓄谋已久后的深思熟虑，是百感交集后的心如止水。曾经的我会为你辗转反侧，现在的我也学会了互不打扰。别人盼你风生水起，而我盼你福多顺意，四时平安！